Feminist
Theory
after
Deleuze

들뢰즈 이후 페미니즘

Hannah Stark

한나 스타크

이혜수·한희정 옮김

Deleuze
after
Theory
Feminist

이상
북스

Contents

일러두기

1. 원서에서 이탤릭체로 강조한 부분은 한국어판에서 볼드체로 강조했고, 중요한 개념이나 혼동하기 쉬운 용어는 나올 때마다 원어를 첨자로 병기했다.
2. 책 제목은 《 》, 잡지·보고서·드라마·영화 제목은 〈 〉, 신문기사·논문·시·그림·노래 제목 등은 " "로 표기했다.
3. 국내 출간된 도서의 경우, 가장 최근에 출간된 판본 기준으로 책 제목을 표기하고 맨 처음 나올 때만 괄호 안에 국내 출판사와 국내 출간연도를 표기했다. 국내 미출간 도서의 경우 원어를 적절히 해석하여 표기하고 맨 처음 나올 때만 첨자로 원서 제목과 출간연도를 적었다. 한국어 번역판이 여러 개 존재하는 경우 대표적으로 통용되는 책 제목만 적었다.
4. 각주에서 [옮긴이]라고 표시한 것 외의 것은 모두 원서의 주다.
5. 외국 인명과 지명 등은 국립국어원의 외래어 표기법과 용례를 따랐으나, 국내에서 굳어진 인명과 지명 표기는 통용되는 표기로 옮겼다. 명확한 의미 전달을 위해 필요한 경우에 한해 원어나 한자를 첨자로 병기했다.

약어 목록

A-O	*Anti-Oedipus*, 《안티-오이디푸스》
ATP	*A Thousand Plateaus*, 《천 개의 고원》
B	*Bergsonism*, 《베르그손주의》
BCD	"Bergson's Conception of Difference", 〈베르그손에게 있어서 차이의 개념〉
D	*Dialogues*, 《디알로그》
DI	*Desert Islands and Other Texts*, 《무인도들》
DR	*Difference and Repetition*, 《차이와 반복》
EP	*Expressionism in Philosophy: Spinoza*, 《스피노자와 표현 문제》
K	*Kafka: Toward a Minor Literature*, 《카프카: 소수적인 문학을 위하여》
LS	*The Logic of Sense*, 《의미의 논리》
NP	*Nietzsche and Philosophy*, 《니체와 철학》
PS	*Proust and Signs*, 《프루스트와 기호들》
S	*Spinoza: Practical Philosophy*, 《스피노자의 실천철학》
TRM	*Two Regimes of Madness*, 《광기의 두 체제》
WIP?	*What is Philosophy?*, 《철학이란 무엇인가?》

서론

때때로 새로운 생각과 마주칠 때 우리는 익숙한 사고방식에 내재된 안일함에서 벗어나면서 충격을 받는다. 내가 처음 질 들뢰즈를 접했을 때 느낌이 그랬다. 미셸 푸코는《차이와 반복》(민음사, 2004)과《의미의 논리》(한길사, 1999)를 논하면서 들뢰즈의 작업에서 이러한 능력을 포착했다. 그는 "들뢰즈라는 번개가 일었다. 새로운 사유가 가능하다. 다시 사유하는 것은 가능하다"(1977: 196)라고 썼다. 이 책은 들뢰즈의 작업이 어떻게 페미니즘 이론에 충격을 주어 성차^{sexual difference}에 대한 새로운 사유를 발견하게 했는지, 또 그것이 사회적·철학적·정치적·물질적으로 의미하는 바가 무엇인지에 관심을 둔다. 즉 들뢰즈의 작업이 지속적으로 여성이나 젠더에 관심을 두었기 때문이 아니라 계몽주의 이후 여성을 억압해온 철학적 체계를 무너뜨렸기 때문에 페미니즘 이론에 유용하다고 본다. 들뢰즈의 작업은 우리의 철학을 구성하는 의미 체계를 탐구하는 데 중요하다. 그러나 또한 사유와 삶의 가능성을 사변적으로 재상상하고 물질적으로 재창조하는 작업에도 유용하다. 이 책은 특히 들뢰즈의 작업이 어떻게 페미니즘 이론 내에서 새로운 사유를 가능하게 하는지에 관심이 있으며, 또 들뢰즈 철학이 페미니즘 논쟁에 가져다줄 활력을 모색한다. 동시에 들뢰즈의 작업에 대한 대안적인 종류의 질문을 던짐으로써, 페미니스트 이론이 들뢰즈 독해 방식을 어떻게 변화시켰는지 살피고자 한다.

들뢰즈가 안일한 사고방식에 도전하는 방법 중 하나는 창조적 파괴라고 할 만한 방법을 통해서다. 그는 단순히 오래되고 불충분한 개념을 개조하는 것으로 만족하지 않는다. 대신 그는 새로운 개념의 길을 만들기 위해 우리의 낡아빠진 생각을 전멸시킨다. 들뢰즈와 그의 동료 펠릭스 가타리Félix Guattari에게 철학이란 "개념을 형성하고 발명하고 조작하는 기예"(WIP?: 2)다. 개념은 세상을 다루는 새로운 방법을 제공한다. 이는 세상 자체가 문제들을 제기하기 때문이다. 여기서 문제는 생성적이다. 즉 문제들은 우리에게 새로운 사유, 새로운 행동, 새로운 존재방식을 촉구한다. 우리가 페미니스트 이론을 문제로 본다면, 그것은 낡은 가부장적 사고 체제를 비판하게 할 뿐만 아니라 새로운 개념을 찾게 하기 때문이다. 여기에서 페미니즘 이론은 세계와 관련된 하나의 구체적인 방향, 가부장제와 가부장제의 산물인 불평등을 다루는 틀을 제공한다.

남성 철학자면서 페미니즘에 대해 명시적으로 많은 말을 하지 않은 사람에게로 눈을 돌린다는 것이 처음에는 페미니즘의 이상에 반하는 책략처럼 보일 수 있다. 페미니즘 이론은 서양철학의 남근중심적 본질과 역사적으로 남성의 관념에 부여된 불균형적

비율의 공간을 비판한다. 이를 염두에 두고 우리는 페미니즘적 입
장을 분명히하는 데 있어 한 남성 철학자에게 의지한다는 것이 무
엇을 의미하는지 질문할 수 있다. 그러나 페미니즘 이론이 사상사
에서 남성 철학자와 남성 목소리의 지배를 무시한다면 남성 특권
역사의 제거와 공모할 위험에 처할 수 있다. 현실은 철학적 논쟁
에 기여할 수 있는 여성의 능력을 가부장제가 너무 오랫동안 제한
해 왔다는 것이다. 이에 맞서기 위해 페미니스트들은 자신을 주변
화시킨 시스템에 도전하는 데 도움이 되는 어떤 지적 자원이라도
동원해야 한다. 더군다나 젠더와 권력에 대해 정치적으로 생각해
야 하는 일이 여성만의 것이 되어서도 안 된다. 페미니즘은 여성
만의 일도, 여성만의 책임도 아니다. 그리고 중요한 것은 가부장
제 내에서의 여성 억압에 대해 남성을 교육하는 것이 여성의 역할
이 아니라는 것이다. 오드리 로드$^{Audre Lorde}$도 주장했듯이 억압하는
자들을 교육하는 것은 억압받는 이의 특권이 아니다. 오히려 가부
장제, 백인 특권, 이성애 규범에 억압받는 이들은 "자신을 재정의
하고 현재를 변화시키고 미래를 건설하기 위한 현실적인 시나리
오를 고안해 내는 데" 에너지를 사용해야 한다(2007: 115). 그러나
이러한 시나리오는 가부장제 아래 여성의 물질적·'현실적' 조건들
로 끝나지 않는다. 페미니즘 이론은 또한 사유하고 창조하고 살아
가는 새로운 방식을 상상할 수 있는 사변적 등록장치^{register}를 찾을
필요가 있다.

　이 책은 들뢰즈의 방대한 작업을 필연적으로 선택적으로 다룬다. 또 들뢰즈의 연구와 페미니즘 이론의 주요 관심사 모두에 핵심적인 일련의 개념으로 구성된다. 이 책은 사유가 철학의 기초라는 전제에서 출발한다. 그러나 사유는 전통적으로 중립적 활동이 아니라 여성을 배제한 남성적인 것으로 젠더화되어 왔다. 1장은 이러한 문제적 사고의 젠더화에 기여한, 계몽주의로부터 물려받은 철학적 체계를 살펴볼 것이다. 이런 체계의 최고봉에는 정신을 높이고 남성성과 연관시키면서 동시에 여성과 신체를 평가절하한 데카르트주의가 있다. 이런 위계는 이성과 합리성을 남성적인 것으로 젠더화하는 데 기여한다. 합리성은 인간을 규정하는 속성이기 때문에 사유에서 여성을 배제하는 것은 이 범주와 관련하여 여성을 주변화시킨다. 이러한 담론은 계몽주의 남성의 형상으로 체현된다. 자유주의 휴머니즘에 의해 안착된 이 남성의 형상은 인간에 대한 규범적이고 배제적인 모델이다. 1장에서는 인간의 단일한 (남성적) 모델에 대한 비판으로 페미니즘 이론이 출현했다고 간주한다. 이런 식으로 페미니즘 이론의 주요 가닥을 소개하고 여성이 사유하고 지식에 기여한다는 것이 무엇을 의미하는지 질문한다. 들뢰즈는 데카르트주의에 대한 비판과 신체의 재평가를 통해 사유의 젠더화에 심오한 도전을 제기한다. 이 장에서는 사유에 대한 들뢰즈의 개념 자체가 페미니즘 이론에 상당한 잠재력을 가졌다는 데까지 나아간다. 이 개념은 이성에 대한 남성의

전유를 거부할 뿐만 아니라 사유를 주체에서 탈구시켜 인간 너
머로 확장한다. 들뢰즈가 정교화한 새로운 사유 이미지는 우리가
고려하게 될 창조적 파괴의 첫 번째 행위이며, 들뢰즈에 힘입어
우리가 세상에게 말 거는 새롭고 더 나은 방법을 찾으려는 전형
적 방식이다.

　2장은 들뢰즈와 가타리의 생성(되기) 개념으로 넘어가는데,
되기 개념은 존재의 정적인 상태에 대한 대안으로 제시된다. 모든
되기는 소수자-되기becoming-minor이기 때문에 모든 되기들은 자유주
의 휴머니즘에서 상상하는, 주체의 보편화된 형상으로부터 멀어
지는 움직임을 띤다. 되기는 여성-되기becomming-woman를 통해 처음
일어나며 다른 다양한 되기들을 거치면서 지각불가능한 것-되기
becoming-imperceptible로 나아간다. 다른 모든 되기들로 가는 관문으로
서 여성-되기는 페미니스트 이론의 중요한 개념이다. 그러나 그
개념은 페미니즘과 들뢰즈 작업 간 불안정한 마주침volatile encounter
의 초점이기도 하다. 이 장에서는 뤼스 이리가레Luce Irigaray, 앨리스
자딘Alice Jardine 및 로지 브라이도티Rosi Braidotti가 제시한 들뢰즈에 대
한 초기 페미니즘 비판을 검토한다. 다음으로 되기의 더욱 생산
적인 측면, 즉 가부장제 같은 억압 형태를 낳는 위계질서를 허물
어뜨리는 측면을 살펴본다. 들뢰즈와 가타리에게 여성-되기의 표
본적 형상은 여자아이다. 여자아이는 여성-되기와 같은 수준으로
페미니즘적 관심을 받아온 개념이 아니다. 이처럼 이 장에서는 들

뢰즈의 작업 전반에 걸쳐 소수자-되기의 잠재성을 체현하는 형상으로서 여자아이의 위치를 살펴본다. 되기는 항상 미래를 지향한다. 이것은 여성성과 문화적으로 관련된 특성이 실제로 타고난 것이라고 가정함으로써 여성의 역량을 제한하는 본질주의에 도전하는 유용한 메커니즘을 페미니즘 이론에 제공한다. 페미니즘 이론이 들뢰즈 작업의 미래적 성격을 진지하게 받아들인다면 이는 이른바 '포스트페미니즘'에 도전할 준비를 제대로 갖추는 셈이다. 이 장에서는 들뢰즈의 작업을 개별적 목표 달성을 향한 운동으로 상정하는 포스트페미니즘의 경향—목적이 이루어지면 페미니즘 이론을 과거의 것으로 내팽개치는—에 대한 해독제로 검토한다.

3장에서는 욕망을 주체의 내면에서 일어나고 주체에게 결핍된 것을 추구하는 것으로서 정신분석학적 욕망에 대한 들뢰즈와 가타리의 거부를 검토한다. 이것이 페미니즘에서 중요한 것은 정신분석학 내에서 결핍은 항상 여성, 보다 구체적으로 여성의 신체에 각인되어 있기 때문이다. 이 장은 《안티-오이디푸스》(민음사, 2014)의 역사적 출현을 검토하고 들뢰즈와 가타리가 제안하는 욕망의 재정식화reformulation를 고찰한다. 욕망을 결핍으로 위치시키는 대신 들뢰즈와 가타리는 욕망을 모든 곳에 있고 사물과 사물 사이의 연결을 생산하는 전-인칭적pre-personal 힘으로 이론화한다. 욕망은 정신분열적 경로를 따라 흐르고 유기적 조직에 파열을 일으키는 무정부적 상태다. 욕망은 사물 간의 연결에 생기를 불어넣는 것이며, 이것이 욕망하는 기계들desiring-machines을 구성하는 이유다. 결과적으로 들뢰즈와 가타리가 묘사한 것처럼 욕망은 결코 오이디푸스 삼각형에서 억압되거나 남근phallus에 의해 지배될 수 없다. 욕망의 오이디푸스적 형상화에 도전하는 것이 무의식이란 정신분석학적 모델을 거부하고 결과적으로 욕망을 섹슈얼리티와 쾌락과의 연관으로부터 해방시키는 것과 관련되더라도, 들뢰즈의 작업이 쾌락과 에로티시즘을 위한 새로운 가능성, 그리고 이성애 규범과 재생산을 넘어 섹슈얼리티와 친밀한 삶에 대해 새로운 사유를 가능케 함을 3장에서 주장한다.

4장에서는 성애적 신체erotic body에서 신체의 성별화된 특수성the sexed specificity of bodies으로 이동하면서, 신체가 성차sexual difference에 의해 조직되는 방식을 살펴본다. 그것은 섹스와 젠더 사이의 고전적인 페미니즘적 구분을 확립하는 것으로 시작한다. 이것은 영미 페미니즘에서 성차가 이해되는 지배적 틀이다. 그러나 들뢰즈에게 성차는 구체적인 사회 환경에 놓인 주체성이란 특정 개념의 산물이다. 이 장은 자본주의와 오이디푸스적 가족구조에 대한 들뢰즈와 가타리의 상호 연관된 비판을 받아들이면서, 무한히 다양한 신체가 '남성'과 '여성'이라는 범주로 영토화되는 방식을 분석·설명한다. 그런 다음 들뢰즈가 이론화하고 페미니스트들이 그의 작업과 관련하여 찬사한 능동적이고 긍정적인 신체를 중점적으로 다룬다. 즉 신체에 대한 철학적이고 문제적으로 젠더화된 정신의 특권화를 거부하는 데서 들뢰즈가 스피노자의 일원론을 사용하는 것의 중요성을 설명한다. 1장에서 개략적으로 설명한 바와 같이 들뢰즈는 서양철학에서 신체(그리고 여성)의 폄하에 반대하는 논증을 펼친다. 체현embodiment에 대한 들뢰즈의 긍정적 모델은 우리로 하여금 특정 신체에 대해 규범적 이상에 대한 순응에 의해서가 아니라, 신체가 할 수 있고 될 수 있는 측면에서 생각할 수 있게 해준다. 이 신체는 인간이든 비인간이든 다른 신체들과 일시적이고 우발적인 연결을 지속적으로 형성하게 된다. 4장에서는 장애가 있는 신체와 같이 규범적 기준에 부합하지 않는 신체에 대해 사유하는 데서 신체에 관한 들뢰즈 작업의 중요한 기여를 살펴본다. 권력은 규범에 부합하지 않는 다양한 신체를 억압하기 때문에, 이 장에서는 페미니즘이 성을 넘어 체화된 차이에 주의를 기울이는 것이 중요하다고 주장한다.

5장에서는 들뢰즈가 《차이와 반복》에서 발전시킨 차이의 개념을 고찰하는데, 여기서 그는 동일성, 대립, 유추, 닮음에 의해 관습적으로 포착되는 방식들 밖에 있는 차이의 존재를 강조한다. 들뢰즈에게 이 범주들과 관련해서만 차이를 생각하는 것은 긍정적이고 생성적이며 길들여지지 않은 차이의 더 깊은 형태를 무시하는 것이다. 그의 존재론에서 존재자는 미분적(차이생성적)differential 과정을 통해 현현하는데, 이를 통해 그는 동일성의 형이상학적 우위를 거부하고 차이의 지속적 확장을 인정할 수 있다. 따라서 근본적인 것은 바로 차이다. 동일성의 효과가 나타날 수 있지만, 이는 항상 부차적인 현현이다. 이 장에서는 페미니즘 논쟁에서 차이와 정체성이 동원되는 방식의 틀이 함의하는 바를 도출하기 전에 차이에 대한 들뢰즈의 추상적 이론의 철학적 토대를 설명한다. 페미니즘 이론에서 동일성(정체성)보다 차이에 가치를 두는 것의 가장 중요한 측면은 그것이 정체성 정치identity politics의 요체에 도전한다는 점이다. 이 장에서는 들뢰즈의 작업에서 '여성'과 같은 몰적molar[1] 범주와 들뢰즈가 전개하는 분자적molecular 반反정체성 정치 사이의 긴장을 살펴본다. 그런 다음 억압의 구조적 성격에 대한 논의와 관련해 정체성과 차이가 동원되는 방식들과 교차성에 대한 논의도 숙고한다.

마지막 장에서는 들뢰즈의 작업이 정체성 정치에 제기하는

---

1   [옮긴이] 몰적인 것은 전체적으로 통일성을 부여하는 것이며 반면 분자적인 것은 개별적인 것이 아니며 흐름으로 움직이는 것을 말한다. 강도적 차이가 최소화된 상태가 몰적인 상태라고 할 수 있다. 몰적인 것이 바람직하지 않은 것만은 아니다. 분자적인 것은 새로이 몰적인 구성을 이루어야 하고 그 안에서 다시 분자적 운동을 가동시키는 영원회귀의 운동이 발생한다.
몰은 하나의 계를 포함한 물질량을 규정하는 것으로 순수하게 수적인 측정 단위라는 점을 분명히 해둘 필요가 있다. 원자 1몰(mol)은 6.022×1,023개의 입자를 나타낸다. 그러나 몰적인 것과 분자적인 것은 집합적인 것과 개별적인 것으로 대립되거나 거시적인 것과 미시적인 것으로 대립되는 것이 아니다. 집합 층위의 '분자적인 것'이나 개별 층위의 '몰적인 것', 거시 층위의 '분자적인 것'이나 미시 층위의 '몰적인 것'도 가능하기 때문이다. 그것들은 오히려 대수법칙을 따르는 통계적 집합과 이 법칙을 따르지 않는 예측 불가능한 독특성들의 집합으로 이해되어야 한다[Rosanvallon, Jérôme & Preteseille, Benoît(2009), *à vitesse infinie*.《들뢰즈와 가타리의 무한속도》, 성기현 역(열린책들, 2012), 177-178].

도전을 계속 고려하면서 페미니스트 논쟁의 핵심 용어로서 '인정'recognition의 중요성을 고찰한다. 엘리자베스 그로츠Elizabeth Grosz는 페미니즘 이론과 정체성 정치의 강한 연관성을 고려할 때, 페미니즘 이론은 인정을 포기하고 지각불가능성imperceptibility의 정치를 추구해야 한다고 주장한다(2002). 따라서 이 장에서는 그로츠의 이론을 인정의 정치학을 발전시키기 위해 헤겔에게 의지한 주디스 버틀러Judith Butler의 매우 영향력 있는 저작과 대비시킬 것이다. 들뢰즈에게는 인정의 구조 자체가 문제적이다. 대신 그에게 정치적 잠재력은 감각의 체계를 위험에 처하게 할 수 있는 지각불가능한 것에 존재한다. 6장은 들뢰즈가 인정 패러다임에 대한 성공적 대안을 페미니즘 이론에 제공한다고 주장하면서, 차이에 집중한 페미니즘 이론에 대한 지각불가능성이라는 들뢰즈적 정치학의 풍부한 잠재력을 살펴보는 것으로 결론을 맺는다.

1장

사유

Thought

사유한다는 것은 어떤 의미일까? 누가 생각을 하는가? 사유는 무엇을 하는가? 사유를 생각할 때 우리는 그것이 중립적 행위와 거리가 멀다는 것을 알 필요가 있다. 모든 사람이 사유하는 존재로 여겨지는 것이 아니다. 이것은 역사적으로 타자를 배제한 채 백인 성인 남성의 영역으로 존재했던 합리성의 경우에 특히 해당한다. 계몽주의에서 합리성을 인간의 특징 중 하나로 내세웠다는 것은 주목할 만하다. 이는 여성과 타자들이 합리성에서 배제될 때 인간보다 못한 위치로 격하되었음을 의미한다. 1장은 사유와 담론의 젠더화^{gendering}, 계몽주의를 이어받고 계몽주의에 가장 큰 공헌을 한 젠더화에 대해 살펴본다. 먼저 철학 분과에서 여성이 놓인 위치에 관한 현재 우리의 상황을 살펴보겠다. 다음으로 이러한 상황으로 우리를 이끈 철학적 유산이 무엇인지에 대해 질문하면서, 여성에게 합리적 사유자의 역할을 용납하지 않았던 인식론적 틀을 살펴본다. 즉 자유주의 휴머니즘과 데카르트적 정신/신체의 분리—이는 남성성과 정신, 사유 그리고 여성과 평가절하된 신체를 연결시킨다—를 검토한다. 이 책은 자유주의 휴머니즘과 이성에 대한 남성의 전유를 비판하는 값진 도구로 페미니즘을 자리매김한다. 이는 페미니즘 이론이 로지 브라이도티가 언급하듯이 "여성은 정말로 생각한다. 그들은 생각을 하며 태곳적부터 생각을 가지고 있다"(1991: 275)는 것을 증명하기 때문만이 아니다. 반대로 이는 페미니즘의 역사적 발생이 자유주의 휴머니즘 틀에 내재한 배제에 대한 비판 그리고 계몽주의적 인간의 형상에 체화된 배제에 대한 매우 광범위한 비판과 함께 가기 때문이다.

들뢰즈는 자유주의 휴머니즘에 도전하는 페미니스트들에게 굉장히 유용한 아군이다. 그의 저작은 계몽주의적 사유 모델에 대한 근본적 대안을 제시한다. 그는 사유를 이성에 내재한 위계로부터 해방한다. 또 그는 신체를 능동적 정신의 수동적 그릇으로 보는 데카르트적 평가절하를 비판하면서 대신 정신과 신체가 밀접히 연관되어 있음을 주장한다. 즉 사유를 주체의 내면성으로부터 해방시킨다. 데카르트적 위계로부터 신체를 해방하는 들뢰즈 작업의 페미니즘적 잠재력을 검토하는 중요한 작업이 있었지만(Grosz, 1994; Gatens, 1996; Lorraine, 1999; Braidotti, 2001), 1장에서는 사유에 대한 들뢰즈의 개념 자체를 페미니즘 이론에 유용한 것으로 자리매김한다.[1] 즉 들뢰즈의 저작과 그가 사유를 개념화하는 방식에, 사유 행위에 대한 남성적 전유의 독점권을 반박하려는 페미니스트들에게 특히 유용한 무언가가 있음을 제안한다.

---

[1]   신체를 초과하는 정신의 잠재성에 대한 페미니즘적 논의로서 그로츠 및 브라이도티와 대조되는 논의로는 엘리너 카우프만(Eleanor Kaufman, 2012)을 참조하라.

계몽주의의 유산

들뢰즈의 저서를 다룬 초기 페미니즘 저작 중 하나인 브라이도티의 1991년 책 《부조화의 패턴들》*Patterns of Dissonance*은 철학에서 여성이 차지하는 주변부 위치에 대해 문제를 제기한다. 물론 여성이 지적 논쟁에 기여할 기회에 대해 묻는 최초의 인물 혹은 유일한 이가 브라이도티는 아니다. 여성이 오랫동안 논쟁의 장에서 한 자리를 요구해 왔음을 알기 위해 우리는 버지니아 울프의 1929년 작 《자기만의 방》을 보기만 하면 되는데, 거기서 울프는 남성에 대한 여성의 경제적 예속, 여성의 교육 접근성, 그리고 여성이 지적 작업을 수행할 능력 간의 관계를 생각한다. 이는 단지 철학 분과의 경우만이 아니라 남성의 사유를 기록하고 평가해 왔던 지식의 역사, 나아가 좀 더 넓게는 글쓰기의 역사와 연관된다. 작가 재닛 윈터슨Jeanette Winterson은 자서전 《우리는 왜 정상일 수 있을 때 행복한가?》*Why Be Happy When You Could Be Normal?*, 2011에서 지적 추구에 있어 남성이 지닌 특권적 접근성을 되돌아본다. 이 텍스트에서 재닛은 대체로 여성을 배제해 왔던 문학사에 반응하면서, 한 여성 작가로서 정치적 의식을 형성해 나간 과정을 검토한다. 재닛은 한 서점에 들렀다가 받은 충격을 다음과 같이 묘사한다. "나는 책으로 가득한 다섯 층짜리 가게는 본 적이 없었다. 갑자기 너무 많은 산소에 노출된 것처럼 어지러웠다. 그리고 여성에 대해 생각했다. 책이 이렇게 많은데, 여성이 자신의 몫을 쓰는 데 얼마나 오래 걸렸으며, 왜 여전히 여성 시인이나 여성 소설가는 그렇게 적고, 게다가 중요하게 평가되는 여성 작가는 거의 없었는가?"(2011: 137-138). 놀랍게도 오늘날 철학을 보더라도 페미니스트들이 제기한 이런 문제들—여성이 지적 담론에 참여하기 위해 투쟁한다는 것—은 여전히 지속되고 있다. 이것이 현재진행임을 알기 위해서는 여성의 수가 남성의 수보다 훨씬 적고 후배 역할에 집중된 학계 내 여성의 위치를 고려하기만 하면 된다. 이는 철학 같은 남성 중심적 분과에서 특히 심하다.[2]

철학에서 여성의 주변부 위치는 '사유'라는 개념과 '사유하기'라는 행위—철학적 노동의 주춧돌—가 어떻게 역사적으로 여

---

[2]   이는 오스트레일리아, 영국, 미국의 보고서에서 분명하다. 예를 들어, 2006년에 수집된 데이터를 분석한 2008년 오스트레일리아 보고서에 따르면, 학부생 1학년에는 여학생이 남학생보다 더 많은 반면(2001-2006년 사이 57%가 여학생이었다), 최종 학년에서는 그 수치가 점점 줄어 거의 비슷하게 된다(여학생 51%). 이러한 균형은 상급 학위로 올라갈수록 사라지는데, 박사학위를 시작한 여학생은 39%다(Goddard, 2008). 또 이러한 연구에 따르면 철학과에서 (정교수에 해당하는) 정년트랙 교수가 된 여성은 23%이며, 그중 시니어 자리에 있는 철학과 여성 교수는 거의 없고 대부분 주니어 역할에 집중되어 있다. 헬렌 비비(Helen Beebee)와 제니 솔(Jenny Saul)이 작성한 영국의 보고서에 따르면, 영국에서는 철학과 박사과정 학생 중 35%가 여성이며(영문과는 61%), 철학과에서 정년트랙 자리에 있는 여성은 24%였다(2011: 6). 여성 철학 저널 〈하이파시아〉(*Hypatia*)에 실린 몰리 팩스턴(Molly Paxton), 캐리 피그더(Carrie Figdor), 발레리 티베리우스(Valerie Tiberius)의 논문은 미국의 상황이 훨씬 더 나쁘다는 것을 확인해 준다. 그들은 미국 교육통계국가센터를 인용하는데, 이에 따르면 2000년 미국 교육기관의 철학 프로그램에 종사하는 정교수 중 여성은 단 21%였다(2012: 949).

성의 공헌을 제한하고 감추는 방식으로 젠더화되어 왔는지를 고려하도록 이끈다. 1장은 왜 여성이 철학과 불편한 관계를 맺어왔는지, 또 왜 페미니스트들이 계몽주의 사유의 계승자이자 우리의 의미와 가치 체계에 여전히 내재되어 있는 지적 체계에 대한 일관된 비판을 제시해 왔는지에 대해 이데올로기적 이유가 있음을 시사한다.

　철학 내에서 목소리를 찾으려는 여성들의 투쟁은 복잡하며, 페미니즘에서 늘 핵심적이었던 이슈들을 하나로 모은다. 이는 공적 영역과 교육제도에서 여성의 위치뿐 아니라 이성과 합리성을 남성적인 것으로 젠더화하는 것 같은 좀 더 상징적 차원에서 일어나는 이슈들을 포함한다. 제네비에브 로이드Genevieve Lloyd는 그의 영향력 있는 저서 《이성적인 남자》*The Man of Reason*, 2004에서 지적 작업에 적합하다고 여겨져 왔던 모델인 이성reason과 합리성rationality이 어떻게 전통적으로 여성을 배제한 채 남성적인 것으로 젠더화되었는지를 살펴본다. 그는 "여성이 이성을 함양할 때 부딪히는 장애는 대개 이성에 대한 우리의 이상理想이 역사적으로 여성적인 것을 배제했다는 사실, 또 여성성 그 자체가 부분적으로 그러한 배제 과정을 통해 구성되었다는 사실에서 비롯된다"고 쓴다(2004: xxi). 중요한 건, 로이드에게 이러한 남성적 특권 체계는 이성을 남성의 기원으로 자리매김할 뿐 아니라 젠더에 대한 우리의 관념을 구성하는 데 기여하고 나아가 남성에게 의미의 생산이나 논리의

방법론 또 진리의 관념에 접근할 기회를 더 많이 문제적으로 부여
한다는 것이다. 시몬 드 보부아르 역시 《제2의 성》에서 여성이 남
성의 타자로 자리매김되는 신화와 관련해 논하면서, 사유의 젠더
화가 지니는 문제성을 인정한다. 남성은 초월성의 자유를 허락받
아 스스로를 능동적으로 구성하고 관념의 세계에 위치시키는 반
면, 여성은 내재성과 "끈적거리는 어둠의 영역"으로 강등되었다
(2011: 271). 이는 문제적인데, 여성을 남성보다 더 육체화되고 자
연과 더 가깝게 연결된 수동적 존재로 자리매김하기 때문이다.

　　남성을 정신 및 이성과 연결하는 것은 합리주의자이자 계몽
주의 철학자 르네 데카르트의 철학 체계인 데카르트주의Cartesianism
전통의 일부분을 이룬다. 데카르트는 정신과 신체가 서로 다른 실
체이기에 환원할 수 없이 구별되는 것으로 보는 철학적 이원론의
체계를 확립했다. 데카르트주의의 가치 체계는 여성에게 문제적
함의를 지닌다. 남성은 상관적인 이항의 쌍에서 높이 평가되는 쪽
에 위치하며, 정신, 이성, 합리성, 문화, 그리고 주체의 위치와 연
관된다. 여성은 이 체계 안에서 남성의 반대편이자 따라서 이항
쌍의 평가절하되는 쪽에 위치하면서, 신체, 정념, 비합리성, 자연
그리고 대상의 위치와 연관된다. 이런 이항적 구조에서는 여성과
합리성이 동시에 존재하는 것이 불가능하다. 게다가 이성의 특권
그리고 이성과 남성적인 것과의 연관성은, 인격체personhood가 상상
되어 온 지배적 전통 중 하나인 자유주의 휴머니즘에서 보았던 것

처럼, 인격체가 이해되어 왔던 바로 그 근원으로 향한다.

자유주의 휴머니즘은 르네상스기 유럽에서 물려받은 철학적 담론으로 우리가 세계와 세계 내 우리의 위치에 대해 생각하는 방식에 막대한 영향을 끼쳤다. 휴머니즘은 세속적 철학으로서 세상에 대한 설명을 종교적 믿음이나 미신에서 찾아서는 안 된다고 주장한다. 자유주의 휴머니스트들은 평등과 자유 그리고 진리의 무시간성이라는 가치에 대한 믿음을 공유한다. 이 철학 체계는 인간 개인을 세계관의 핵심에 둔다. 이런 체계가 전제하는 인간의 형상은 본질적이고 변하지 않는 본성을 가진다. 그 인간의 형상은 또 자율적이고 일관적이다. 오늘날까지 우리의 법적·정치적 체계가 기반하고 있는 것이 이 개인 모델이다. 예를 들어, 투표하는 주체는 합리적이고 숙지된 결정을 할 수 있다고 상정된다. 법 담론의 주체는 자율적이고, 온전한 자기 신체에 대한 권리를 지니며, 사법 체계를 이해할 수 있다고 추정된다. 그러나 자유주의 휴머니즘이 투사하는 인간의 형상은 보편적 기준을 전제하기에, 또한 신랄한 비판의 대상이 되어왔다.

20세기에 자유주의 휴머니즘은 모든 방면에서 비판에 포위되었다. 이러한 철학적 입장의 문제는 비록 그 입장이 인간의 평등을 지지하지만 그것이 의존하는 인간적임the human의 범주가 특히 포괄적이지는 않다는 것이다. 이는 보편적 기준으로 제시되는 자유주의 휴머니스트적 주체의 형상에서 명백히 알 수 있다. 즉 문명화되고, 중산층이며, 교육받고, 이성애적이며, 합리적이고, 건장한 신체를 지닌 백인 남성의 형상. 이런 주체 구조화의 기반이 되는 배제는 상징적이고 실제적 영향력을 지녀왔다. 자유주의 휴머니즘은 역사적으로 특정 집단 사람들의 억압을 정당화하는 데 사용된 이데올로기(예를 들어 인종주의나 성차별주의) 형성에 기여했다. 이는 인간다움의 범주가 배제의 공간으로 작용할 때 명백해진다. 어떤 사람들은 신분에 의해 보호되지만, 또 어떤 사람들은 인간으로 인정되지도 않거나 온전한 인간의 권리가 주어지지 않는다. 우리는 제국의 역사나 노예제도 같은 관행에서 인간다움에 대한 문화적 구성의 구체적인 영향력을 볼 수 있다. 즉 식민 세력의 타국 침략을 정당화하는 데 인종 담론이 이용되는 제국의 역사나, 특정 집단에게서 인간의 권리를 빼앗고 그들을 재화로 여기는 노예제도에서 확인할 수 있다. 이런 견고한 인종주의는 난민의 신분과 권리에 대한 당대의 논쟁에서도 나타난다. 호주의 맥락에서 난민은 국가의 인종적·종교적 타자로 구축되었고, 끔찍한 조건 아래 구금과 절차를 통해 또한 비인간화되었다. 인간다움이란 범주의 문제적 배치는 또 장애disability와 관련해 발생하는데, 건장한 신체와 합리적 정신의 규범적 기준에 들어맞지 않는 사람들은 역사적으로 덜 인간답다고 생각되었고, 체계적인 배제들에 종속되었다. 그들은 감금되었고, 의사결정 능력이 부정되었으며, 어떤 경우에는 강제로 불임수술을 당했다.

20세기 내내 자유주의 휴머니즘은 인종, 계급, 젠더, 섹슈얼리티, 신체적 능력과 무능력이라는 정체성 기반 축을 따라 이론적 도전을 받았다. 환경비평, 동물연구, 포스트휴머니즘을 연구하는 학자들은 인간을 모든 것의 중심에 두면서 비인간적인 것을 인간의 요구를 충족시키는 자원으로 인식하는 세계관인 인간중심주의anthropocentrism를 지지한다는 점에서 자유주의 휴머니즘을 비판했다. 인간적인 것을 특권화하는 것은 또한 동물과 관련해 두 가지 점에서 중요한 비판을 받았다. 우선 인간 동물과 비인간 동물을 나누는 것은 동물을 먹기 위해 죽이고, 동물실험에 이용하고, 애완동물로 기르는 인간중심적 관행을 정당화한다. 둘째, 인간다운 것의 특권화는 유색인종이나 여성처럼 동물에 더 가까운 것으로 문제적으로 여겨지는 인간을 억압에 종속시키는 동물형태론zoomorphism으로 이행한다.[3]

자유주의 휴머니즘 내 주체의 형상은 특히 젠더가 상상되었던 방식에 중요한 함의를 지녀왔다. 페미니스트들은 여러 가지 이유로 보편적 인간 본성이란 개념에 대해 비판적이었다. 우선 자유주의 휴머니즘의 주체는 젠더 중립성이라는 전제에 기반한 보편적 인간이라는 단일한 모델을 가지고 있다. 페미니스트들은 역사

---

[3]   이러한 정체성에 기반한 정치에 대한 비판은 자유주의 주체에 대한 폄하를 부추기고 증가시켰는데, 이는 특히 주체의 안정성, 합리성, 일관성이 의문시되는 포스트모더니즘에서 이루어졌다.

적으로 젠더 중립성은 결코 중립적인 적이 없었으며 남성적인 것
으로 인식되어 왔음을 지적했다. 이런 식으로 남성의 신체와 인격
은 단일–성 체계^one-sex system^에서 보편적 기준이 된다. 자유주의 휴
머니즘은 또 인간의 본성이 역사적·문화적 영향을 초월하는 안정
된 상수라고 상정하기에 본질주의적인 모델이다. 페미니스트들은
우리가 젠더를 살아내는 방식들이 역사적 상수라는 생각을 비판
하는데, 이는 우리가 사회의 암묵적이거나 노골적인 가치에 의해
형성된다는 것을 무색하게 만들기 때문이다. 본질주의에 대한 비
판은 특히 중요하다. 여성의 '진정한 본성'에 대한 본질주의적 주
장들이 가부장제 안에서 여성을 종속시키는 데 자주 이용되었기
때문이다.

페미니즘과 자유주의 휴머니즘

20세기 지성적이고 정치적인 페미니즘의 부상은 자유주의
휴머니즘 주체의 위기와 함께 나타났고 또 이를 촉진시켰다. 페미
니즘은 처음부터 계몽주의적 주체 모델의 유산과 싸워야 했고, 남
성성과 합리성의 상호연관성을 반박하기 위해 애써야 했다. 그렇
기에 지적인 삶에서 여성을 위한 공간을 만들도록 요구하는 것은
페미니즘의 중요한 기획이었다. 페미니즘은 다루기 힘들고 지금

도 진화 중인 사유의 학파다. 그것은 이론과 실천의 이중 실존에 의해, 또 다양한 맥락에서 다양한 계열의 페미니즘이 발생했기에 복잡하다. 역사적으로 영미 페미니즘^{Anglo-American feminism}은 세 시기로 나눌 수 있으며 각 시기는 '물결'로 불린다. 이런 식으로 페미니즘을 역사화하는 것은 정리된 일관성을 지니지 못한 일군의 작업과 사유 방식에 질서를 부여하는 것이다. 이런 작업의 이점은 이를 통해 페미니즘 내 정통파들의 주요한 변화를 일별할 수 있다는 것이다. 하지만 이는 페미니즘 사유의 복합성과 다양성에 대한 결정적 그림을 그리지는 못한다. 페미니즘에 대한 이런 식의 사유는 영미 페미니즘의 독특한 특징이다. 곧 논의하겠지만 유럽 페미니즘은 그 자체의 풍부하고 복잡한 역사를 지녔으며, 다양한 지점에서 영미 페미니즘과 교차한다. 마찬가지로 서양 바깥의 페미니즘은 영미 페미니즘에 적용되는 '물결'을 통해 말해질 수 없다. 예를 들어 이슬람 국가에서 페미니즘은 그 나름의 경로를 따라 발전했으며, 젠더와 섹슈얼리티에 관련된 자체의 문제들을 다루었다.

영미 페미니즘의 제1물결은 19세기 말에서 20세기 초반 발생한 것으로 여겨진다. 물론 그전에도 페미니즘적 주장을 한 사람들이 있었는데, 가령 메리 울스턴크래프트^{Mary Wollstonecraft}는 1792년에 쓴 《여권의 옹호》(연암서가, 2014)에서 여성도 남성과 똑같은 권리, 특히 교육에 대한 권리를 가져야 한다고 주장했다. 하지만 이러한 움직임이 임계 질량과 탄력을 얻은 것은 19세기 말이었다.

페미니즘은 자유주의 휴머니즘과 계속 유동적 관계를 유지했다. 제1물결은 여성이 근본적으로 남성과 동등하다는 것을 주장하기 위해 자유주의 휴머니즘 이데올로기를 끌어들였고, 주로 계약 및 재산권과 관련해 목소리를 냈다. 제1물결 페미니스트들은 오직 남성만이 재산을 소유할 수 있고 여성은 아버지의 재산, 나중에는 남편의 재산으로 여겨졌던 가부장적 체계와 싸웠다. 또 그들은 여성도 남성처럼 똑같이 투표할 권리를 가져야 한다고 주장하면서 정치적 참정권을 위해 싸웠다. 투표할 권리는 정치적 대표성 때문만이 아니라 여성이 공적 영역으로 진입하는 것을 가능하게 했기에 중요하다. 투표하는 정치적 주체는 정치적 주체성agency을 지닌 합리적 인간으로 상상된다. 이것은 여성에게 투표할 권리가 주어졌을 때 그들이 또한 정치적 인격체를 주장했음을 의미한다.

반면 재산을 소유할 권리와 투표할 권리가 주어지는 것은 몹시 중요하지만, 그것이 가부장제의 전체적인 본성을 바꾸지는 않았다. 캐롤 페이트먼Carole Pateman의 1988년 저서 《남과 여, 은폐된 성적 계약》(이후, 2001)은 가부장적 권력의 편재성과 공민civic 사회의 구성에서 가부장적 권력의 숨겨진 자리를 상기시킨다. 이 텍스트에서 저자는 사회계약, 즉 사회 안에 살면서 시민법에 종속되기로 한 사람들의 암묵적이고 명시적인 합의가 어떻게 성적인 계약에 의존하고 있는지를 검토한다. 이는 사회계약이 자유에 관한 것이긴 하지만 여성의 억압을 전제하고 있음을 의미한다. 하지만 사회계약과 성적 계약의 분리는 공적 영역을 정치적이고 공민적인 권리의 영역으로 지정하고, 성적 계약 즉 가부장제를 자연권이라는 사적 영역의 일부로 자리매김한다(1988: 3). 이것은 공민 사회의 가부장적 기반을 감추는데, 왜냐하면 사회계약은 이전의 남성 간 형제적 계약으로 인해 가능하다는 사실을 무시하기 때문이다. 형제적 계약은 공민적 삶의 바탕이 되는 가부장제의 한 예이며, 여성 신체에 대한 남성의 접근을 보장한다. 가부장적 권력은 모든 형식의 계약에 남아 있으며, 따라서 계약은 "근대적 가부장제가 구성되는 수단"이라고 페이트먼은 주장한다(1988: 2). 페이트먼이 보여주는 것은 사적인 것과 공적인 것의 분리가 지속가능하지 않다는 것과 사적 영역을 비정치적인 것으로 틀 지을 수 없다는 것이다.

　　제2물결 페미니스트들은 여성에 대한 가부장적 억압이 법적·정치적 체제와 관련된 여성 불평등뿐만 아니라 권력의 더욱 더 음험한 작용을 통해 일어난다고 느꼈다. 그들은 결혼, 가족, 이성애 섹슈얼리티 제도에서 오는 여성 억압에 집중했다. 제2물결 페미니스트들은 또 여성이 하이힐과 꽉 끼는 거들 같은 가부장제의 흔적에 의해 대상화되고 억압되는 방식에 관심을 가졌다. 이 시대부터 시작된, 자신의 브래지어를 태우는 페미니스트에 대한 대개 캐리커쳐화된 이미지는 브래지어가 함축하는 문자 그대로의 제약과 상징적 제약 사이의 복잡한 상호작용을 거의 지워버린다. 베티 프리단^{Betty Friedan}의 1963년 저서 《여성성의 신화》(갈라파고 스, 2018)는 제2물결 페미니즘의 관심을 잘 보여준다. 이 텍스트에 서 프리단은 여성에 대한 사회적이고 상징적인 억압을 검토한다. 그는 20세기 중반 미국 여성에게 주어진 역할들—아내, 엄마, 주 부—에 대한 그들의 은밀한 불만을 "이름을 가지지 않은 문제"로 묘사했다(2013: 1). 프리단이 관심을 가진 여성적 성취의 신화는 행 복하고 충만한 가정주부와 불행한 직장여성에 대한 이데올로기적 해석을 통해 구성되었고, 이는 미디어를 통해 전파되었다. 이 텍스 트는 종종 제2물결 페미니즘의 촉매제로 자리매김되지만, 특정 집 단의 여성, 즉 대개 백인, 이성애, 중산층 여성의 곤경을 다루기 때 문에 이 시기 여성운동의 동질화하는 경향 또한 부각시킨다.

제2물결 페미니즘은 또 제1물결 페미니즘의 기반이 되는 자 유주의 휴머니즘에 대한 비판으로 출현했다. 자유주의 휴머니즘 전통은 인간의 본성을 사회적·역사적 맥락에 고유한 것이라기보 다 보편적 조건으로 생각했고, 제2물결 페미니스트들이 보기에 이는 남성과 여성의 차이를 중화시키는 것 같았다. 제2물결 페미 니스트들은 여성의 투쟁에서 차이의 중요성을 강조했다. 그러나 페미니즘 운동 내에서도 여성들이 모두 똑같이 억압받았는지에 대해서는 의견 차이가 있었다. 제2물결 페미니즘이 광범위한 시 민권리 논쟁의 시기에 일어났기에, 이 안에서 유색 페미니스트, 탈식민주의 페미니스트, 레즈비언 페미니스트와 노동계급 페미니스트 들이 사회와 페미니즘 내 그들의 주변화된 위치로 인해 충분히 다루어지지 않았던 일련의 구체적인 정치문제를 내세웠던 것은 놀랍지 않다. 예를 들어 오드리 로드의 주장에 따르면, "백인 여성은 자신들이 여성으로서 겪는 억압에 집중하면서, 인종, 성적 취향,[4] 계급, 나이 차이는 무시한다. 실제로 존재하지 않는, **자매애**라는 단어가 대표하는 경험적 동질성을 내세우면서 말이다"라고 주장한다(2007: 116, 원문 강조). 그는 좀 더 평등한 사회를 위한 싸움에서, 사회적 억압을 받는 사람들 사이에 수립되는 연정coalition을 주장했다. 우리는 이를 또한 훅스bell hooks의《나는 여자가 아니란 말인가》*Ain't I a Woman, 1981*에서 볼 수 있는데, 여기서 그는 여성운동 내 존속하는 인종주의 그리고 흑인 공동체 내 잔존하는 성차별주의 둘 다를 부각하는 소저너 트루스Sojourner Truth의 유명한 반노예제 연설을 반향한다. 훅스와 로드는 모두 제2물결 페미니즘이 차이를 강조한다고 할 때 중요한 것은 성적 차이뿐 아니라 여성이란 범주 자체 내의 차이임을 상기시킨다.

제2물결 페미니즘은 여성이 본질적인 본성을 가지고 있다는, 즉 여성의 공유된 특성에서 확실히 드러나는 본질적 본성을 가지고 있다는 관념에 기반해 있다. 그러한 본질적 본성이 여성을 남

---

4   [옮긴이] 성적 취향(sexual preference)은 성적 지향성(sexual orientation)과 구분되는 것으로서, 여기서 성적 취향은 성적 지향성을 의미하는 것으로 여겨진다.

성과 다르게 만든다. 그들은 돌봄, 정서적 지능, 자연 친화력 등 데카르트적 체계 내에서 전통적으로 여성과 결부되었던 것을 선용할 수 있다고 믿었다.

제3물결 페미니스트들은 여성을 구성하는 본질주의적 본질(혹은 보편적 정체성)이 있다는 관념을 거부하고 대신 '여성'을 언어 내의 구조적 위치로 자리매김한다. 그들은 '여성'을 유연하고 이동하는 기표로 봄으로써 젠더 위치가 사회적으로 구성되었던 방식들을 인정한다. 따라서 제3물결은 인종, 계급, 섹슈얼리티, 젠더가 실행되는 방식을 포함하지만 이에 국한되지 않는 '여성' 범주 내에 실존하는 차이들을 찬양한다. 주디스 버틀러의 작업은 제3물결 페미니즘의 좋은 예인데, 그는 성sex과 젠더gender 모두 이성애적 틀 내에서 담론적으로 구성됨을 검토한다(1990; 1993). 이는 제3물결 페미니즘에서 섹슈얼티리의 중요성, 그리고 차이가 '적히는'written 사물artefact로서 신체가 차지하는 핵심적 중요성을 부각시킨다. 제3물결 페미니즘은 복수적이고pluralized 이론적이다. 그것은 이론적인 프랑스 페미니즘French feminism의 영향을 크게 받았는데, 이제 여기에 대해 설명하겠다.

유럽 페미니즘이 나름의 발생 조건과 궤도를 지녔던 건 사실이지만, 그렇다고 영미 페미니즘과 깨끗이 분리될 수 있는 것은 아니다. 둘 사이에는 공유된 의제들 그리고 관념과 텍스트의 상호 수분cross-pollination의 긴 역사가 있다. 예를 들어 1949년에 발행되고 프랑스의 철학적 전통에서 나온 드 보부아르의 《제2의 성》은 대 서양의 양쪽 모두에 막대한 영향력을 끼쳤다. 엘렌 식수^{Hélène Cixous}, 뤼스 이리가레, 줄리아 크리스테바^{Julia Kristeva}의 작업으로 특징지어 지는 프랑스의 지적인 페미니즘은 남성과 다른 여성의 성적 차이 ^{sexual difference}를 힘주어 강조하면서 합리성과 이성의 젠더화에 대한 비판에 특히 집중했다. 식수는 "메두사의 웃음"^{The Laugh of Medusa}에서 **여성적 글쓰기** ^{l'ecriture feminine}를 내세운다. 식수는 글쓰기가 중립적인 것이 아니라 남근중심적^{phallocentric}임을 주장하며, 글쓰기를 보편적 인 것으로 상정하는 것은 글쓰기의 남성적 본성을 비껴가는 것이 라고 말한다. 그는 텍스트 내 여성 목소리의 침묵과 젠더화된 이 성의 역사 간의 연관성을 명백히한다. 여성의 글쓰기는 여성 신 체의 구체성에서 나오는 것이기에 다른 형식의 텍스트성을 표현 할 잠재력을 가진다. 식수는 특히 "나도, 역시, 넘쳐흐른다. 내 욕 망은 새로운 욕망을 창조했고, 내 몸은 들은 적 없는 노래들을 알 고 있다"(1976: 876)라고 쓰면서, 여성의 모성적 수용력과 성적 즐 거움에 대해 거론한다. 이 인용문에서 신체는 여성 욕망의 특수성 에서 직접 발생하면서 구체화되는 들은 적 없는 텍스트의 생산자 로 명시적으로 묘사된다. 이러한 신체성에서 나오는 글쓰기는 남 성적 이성과 질서를 근본적으로 파열시킨다. 이것이 식수가 여성 의 글쓰기가 무엇을 **할** 것인지에 대해 말하겠다고 운을 띄우며 위 글을 시작하는 이유다(1976: 875, 원문 강조). 그는 "여성은 몸을 통해 글을 써야 한다, 그들은 분할, 계급, 수사, 규제와 코드를 파괴할 무적의 언어를 발명해야 한다"(1976: 886)라고 말한다. 마찬가지로 이리가레의 작업은 언어의 남근중심주의에 대한 비판을 수행하는 동시에 여성의 즐거움, 즉 **주이상스**jouissance를 표현할 수 있는 수행적 글쓰기performative writing를 실행하기 위해 **여성적 글쓰기**를 사용한다. 두 작가 모두 이성과 합리성의 남성적 체계에 도전하기 위해 남성과 다른 여성의 신체화된 차이, 즉 여성의 성차를 내세우면서 인식론은 중립적이지 않음을 상기시킨다.

계몽주의 사상은 현재 우리의 지적 상황에서도 여전히 문제적인 방식으로 남아 있다. 이성을 남성적인 것으로 젠더화하는 것에 대한 도전은 페미니즘의 중요한 기획이었고 지금도 계속 그렇다. 게다가 여성의 사유와 목소리가 가부장적 논리 안에서 뒤덮이고 알아볼 수 없게 된 방식들을 밝히는 것은 여성이 어떻게 늘 사유에 관여해 왔는지를 주장하는 데도 긴요하다. 이와 같이 이성의 개념과 관련된 다양한 실천들이 제기하는 문제는 다음과 같다. 우리는 여성에게 지금과 같은 합리성에 대한 접근이 주어져야 한다고 주장해야 할 것인가, 아니면 사유 자체에 대해 생각하는 방식을 바꿔야 할 것인가? 들뢰즈의 저서는 사유가 무엇이고 사유가 무엇을 할 수 있는지를 생각하는 데 매우 유용하다. 그것은 이성에 대한 관습적 이해에 맞서면서 그 자리를 대신할 사유 자체에 대한 새로운 개념을 제공한다. 다음 부분에서 나는 들뢰즈의 철학이 여성도 철학자라고 주장하려는 페미니스트들에게 어떻게 유용할 수 있는지를 검토하겠다.

해방적 사유

들뢰즈는 그의 저서를 통틀어 사유의 형식과 가능성에 대해 질문했다. 그의 기획은 우리가 철학한다는 것에 개념화되었던 관습적 방식들에서 사유를 해방시켜 철학을 하는 일에 우리가 실제적으로 도달하게 하는 것이다. 들뢰즈에게 사유란 이미 익숙해진 것, 그러나 사실 합리적인 것과 습관적인 것에 의해 질식된 것을 다루는 것이 아니다. 대신 사유를 한다는 것은 새로움으로서의 차이를 만날 것을 요구한다. 그는 "새로운 것, 즉 차이는 오늘이든 내일이든 재인식 recognition[5]의 힘이 아니라 완전히 다른 모델의 역량, 재인식되지 않고 재인식될 수 없는 미지의 땅 *terra incognito* 으로부터 나오는 힘을 사유에서 불러낸다"(DR: 136)라고 쓴다. 들뢰즈 저서에서 전개된 재인식에 대한 비판이 페미니즘 이론에서 지니는

---

[5]   [옮긴이] 들뢰즈 철학에서 재인식(recognition)은 사물을 기존의 양식과 상식에 따라 관습적으로 보면서 새롭고 창조적인 사유를 막는 인식론을 지칭한다. 이 책에서 'recognition'은 '재인식'과 '인정' 두 가지로 번역된다. 가령 이 책 서론 끝부분에 나오는 '인정'이나 6장에 자주 등장하는 '인정' 역시 'recognition'의 번역이다.

중요성은 6장에서 검토하겠지만, 여기서는 우선 사유에 대한 이러한 관념이 주체성에 어떤 의미를 지니는지를 검토하려 한다. 들뢰즈는 사유에 대한 관습적 관념에 대한 도전을 통해 철학에 만연한 이성의 우선권뿐 아니라 사유와 철학의 기반으로서 데카르트적인 합리적 주체를 논박할 수 있다. 들뢰즈가 젠더와 관련해 합리성의 문제적 함의들을 논박하는 것은 아니다. 그는 어떻게 사유가 상상되는가에 의해 사유 개념이 제한되는 방식에 더욱 관심을 가진다. 그럼에도 사유 그리고 사유하는 것의 의미에 대한 그의 작업은 데카르트적 위계질서 내에서 여성에게 할당된 자리에 도전하는 페미니즘적 기획에 중요한 잠재성을 지닌다.[6]

들뢰즈는 사유의 창조적 가능성에 큰 관심을 가진다. 《차이와 반복》의 중간 장에서 그는 사유가 개념화되는 방식이 실제로 우리의 사유 능력을 억제한다고 주장한다. 리얼리즘적 재현에서 추상화로 옮아갔던 예술 사조처럼, 사유도 혁명을 겪을 필요가 있다고 주장하는 것이다(DR: 276). 우리가 해야 할 일은 우리의 철학적 체계에 음험하게 도사리고 있으며 주체성에 대한 우리의 관념에 자연스레 녹아든 사유에 대한 관습적 이미지를 파괴하는 것이다. 들뢰즈는 그가 사유의 공준들^{postulates}이라 부르는 것에 대한 비

---

6   들뢰즈는 또 신체에 대한 재평가를 가능케 하는 스피노자의 일원주의를 특권화함으로써 데카르트주의에 도전한다. 이는 4장에서 신체에 대한 들뢰즈의 작업을 살펴볼 때 논의될 것이다.

판을 통해 철학이 기반하고 있는 전제들을 제거하기 위해 노력한다(DR: 167). 그에 따르면 사유에 대한 "독단적·정통적 혹은 도덕적 이미지"는 단지 철학을 방해하기만 할 것이다(DR: 131).

들뢰즈는 명시적으로 데카르트의 코기토 모델을 비판한다. 코기토 모델은 데카르트의 "나는 생각한다, 고로 존재한다"^{cogito,} $^{ergo\ sum}$에 구현되어 있으며 주체의 실존 자체를 사유와 연결시키는, 사유하는 자아 개념이다. 이 비판은 페미니즘에 중요한데, 의식에서 사유를 떼어놓으면서 남성과 정신의 결합이 사유에 대한 남성적 장악으로 이어졌던 체계의 바로 그 토대에 들뢰즈가 도전하기 때문이다. 《차이와 반복》에서 들뢰즈는 사유의 토대이자 철학의 기원으로서 데카르트적 코기토를 거부한다. 데카르트적 코기토는 사유를 진리로 향하게 하며, 또 양식$^{good\ sense}$과 공통감(상식)$^{common\ sense}$의 개념에 의존하기 때문이다. 이는 의미 구성에 대한 표준화된 관념과 사유하는 주체에 대한 보편화된 개념을 전제한다. 공통감은 데카르트의 코기토 경우에서처럼 주체의 구체적인 동일성(정체성)을 규정하는 경험의 공통성을 요구한다. 이러한 사유의 이미지는 따라서 보편화한다. 그것은 공통적 주체성을 전제할뿐 아니라 데카르트적 코기토와 관련해 상상되는 것처럼, 사유를 어디에나 있는 것으로 자리매김한다. 들뢰즈는 데카르트와 반대로 사유란 주체나 코기토가 아니라 수동적 자아들$^{passive\ selves}$과 애벌레 주체들$^{larval\ subjects}$에 의해 더욱 용이해진다고 쓴다(DR: 118). [수동적 자아나 애벌레 주체 같은] 이러한 주체성의 형식들은 주체의 통제, 지각 혹은 지성 너머의 과정들에 의해 분열되어 있다. 이런 방식으로 자아는 그것을 구성하는, 끝없이 변화하는 과정들로 해체된다. 애벌레 주체는 청소년기이자 과정 중에 있고 또 미완성인 상태이기에 완전히 구성된 주체보다 차이와의 마주침에 좀 더 개방적이다. 사실 들뢰즈는 사유란 "독립성과 활동성을 갖춘 잘 구성된 주체의 죽음을 수반하는 조건을 넘어서는 상황에서" 일어난다고 쓴다(DR: 118). 이런 주체는 사유의 토대가 될 수 없는데, 왜냐하면 이 주체는 단지 다른 여러 과정의 효과이기 때문이다. 이 주체는 사유의 근원이 아니라 사유의 장소다. 주체성에 대한 들뢰즈의 모델은 자유주의 휴머니즘의 주체와 동일시될 수 없는데, 자율성, 주체성, 일관성, 자기인식과 같은 자유주의 휴머니즘적 개인을 구성하는 주체성의 면모들에 대한 거부를 수반하기 때문이다. 이는 주체가 없다고 말하는 게 아니라 다만 이런 주체가 취하는 형식이 데카르트적 주체 개념 그리고 우리의 정치적 사유의 지배적 틀이 전제하는 자유주의 휴머니즘적 개인을 넘어 재-상상될 필요가 있다는 말이다.

따라서 합리성은 들뢰즈의 도식에서 주체성의 기준이 될 수 없다. 그의 저서 전체에서 합리성이 비판되지만, 가장 두드러진 예는《천 개의 고원》(새물결, 2003)에서 볼 수 있다. 이 텍스트에서 들뢰즈와 가타리는 사유하기가 자율적인 행위라는 관념을 논박하는 공동적 방법론을 채택한다. 그들은 서양철학을 병들게 했던 수목적 사유arborescent thought에 대항하는 리좀적 사유rhizome-thinking를 제안한다. 나무는 뻗어가는 뿌리와 나뭇가지 구조를 가지고 있기에, 사유에 관한 질서정연하고 위계적이며 따라서 합리적인 체계를 제공한다. 대신에 리좀은 중심 없이 모든 방향으로 뻗어가면서 질서 없고 체계적이지 않은 사유의 움직임을 인정한다(ATP: 5). 리좀의 예 중 하나는 풀의 리좀이다. 그들이 여기서 말하는 것은 정리된 잔디밭을 구성하는 풀의 종류가 아니라 틈 사이에서 자라며 굴하지 않는 잡초다. "많은 사람의 머릿속에서 나무가 자라지만, 뇌 자체는 나무보다 풀에 훨씬 더 가깝다"고 그들은 쓴다(ATP: 17). 들뢰즈와 가타리는, 합리적이고 질서 있는 사유 대신 다중적이고 이질적인 '노마드적' 사유, 패턴이나 목적 없이 질서정연한 패턴을 파열하고 타자적인 것들과의 연대와 연결을 통해 작동하는 사유를 높이 평가한다. 이러한 사유는 전통적인 분과적 경계를 허물고 사유를 위한 새로운 영토를 찾는다.

더 나아가 들뢰즈는 사유를 주체로부터 떼어놓으면서 세계에 내재하는 창조적이고 비자발적인 행위로 이론화한다. 이것의 중요성은 과소평가될 수 없다. 이는 사유가 데카르트적 정신의 소유물이 될 수 없음을 의미한다. 더욱 중요하게 들뢰즈는 사유하기를 근본적으로 민주적인 것으로 만든다. 그는 사유의 내재적 개념을 통해 이데아가 초월적 영역에 실존하는 플라톤적 사유 개념에 맞선다. 들뢰즈에게 사유란 관념을 가지거나 일관된 주장을 제시하는 능력이 아니라 구체적으로 실존하는 어떤 것이다. 이런 식으로 그는 사유에 존재론적 가치를 부여한다. 사유는 세계와 분리되어 있지 않고, 대신 사유는 세계를 생산한다. 이것은 자가 발전적인 사유의 모델이다. 들뢰즈에게 사유를 낳는 것은 문제에서 해결로 가는 길이 아니며, 대신 사유는 문제problems와 물음questions의 미분적(차이생성적) 관계를 통해 일어난다. 문제들은 우리를 당황하게 하며, 지속적인 순환주기 안에서 더 많은 문제로 우리를 이끈다(DR: 140). 이것이 의미하는 바는 들뢰즈에게 문제란 존재론적이라는 것이다. 문제는 부분적으로 사물이 생성되는 방식이다. 한 예로서, 폭우로 인해 강이 새로운 수로로 흘러가게 되는 방식을 들 수 있다. 들뢰즈 자신의 예는 유기체에 관한 것인데, 그는 유기체를 문제에 대한 반응으로 묘사한다. 반면 유기체의 기관들 역시 특수한 문제들에 대한 반응이다. 눈은 "빛의 '문제'를 해결한다"고 들뢰즈는 쓴다(DR: 211). 이는 들뢰즈 사유의 중요한 단면을 드러내는데, 즉 그의 사유가 인간이나 생명체에 국한되어 있지 않다는 것이다. 들뢰즈의 사유는 사유의 잠재성에 대한 반-인간주의적 비전이다.

사유에 대한 들뢰즈의 작업은 배움learning에 대한 그의 고찰에 의해 증폭된다. 그는 《차이와 반복》중 "사유의 이미지" 장 끝부분에서, 또 마르셀 프루스트의 《잃어버린 시간을 찾아서》를 논하는

《프루스트와 기호들》(민음사, 2004)에서 더욱 본격적으로 배움에 대한 중요한 논의를 펼친다. 들뢰즈는 두 텍스트 모두에서 배움은 기호에 대한 수련과정apprenticeship이라고 쓴다(DR: 164; PS: 4). 들뢰즈의 도식 내에서 세계는 기호들—그 안에서 차이를 지니는, 함축되거나 접힌 용기containers로 사유될 수 있는—로 구성되어 있다. 이 기호들과 접촉하는 과정, 즉 기호들로부터 배우는 과정은 설명/펼침explication 혹은 펼침unfolding이다. 그는 수련생을 상형문자 해독을 배워야만 하는 '이집트 전문가'로 묘사하며, 또 나무의 기호들을 해독하는 법을 배워야 하는 목수의 예를 들기도 한다 (PS: 4). **"로고스는 없다. 오직 상형문자만 있다"**고 그는 주장한다(PS: 101, 원문 강조). 기호를 해석하는 것은 진리의 현현인 기존 지식을 찾는 것이 아니라, 기호 안에 접힌 채 실존하는 차이와의 마주침을 수반한다. 배움을 구성하고 세계와의 새로운 만남과 이해를 가능하게 하는 것은 이러한 차이와의 접촉, 새로운 것과의 접촉이다. "우리는 누군가가 어떻게 배우는지 결코 모르지만, 방법이 무엇이든 그것은 늘 기호라는 매개를 통해서이고 또 시간을 낭비함으로써이지 어떤 객관적 내용을 흡수하는 방식으로써가 아니다"라고 그는 쓴다(PS: 22).

《차이와 반복》에서 들뢰즈는 수영 배우기를 통해 기호에 대한 수련과정에 대한 그의 생각을 잘 보여준다. 이 상황에서 신체는 전체로서가 아니라 특이점들singular points로 이루어진 계열series로

서의 물과 마주치는 또 다른 특이점들의 계열로 개념화된다. 특이
점들로 이루어진 이 두 집합[물과 신체]은 함께 '문제의 장'problematic
field을 형성한다(DR: 165). 수영을 배우는 과정은, 특이점들로 이루
어진 이 두 집합의 배치가 낳는 문제들에 자신을 여는 것과 관계
된다. 들뢰즈는 기호와 관련한 문제의 발생에 대해 말한다. 수영
하는 사람은 떠 있기 위해 바다의 기호를 읽고 그에 맞춰 반응하
는 것을 배워야 한다. 두 텍스트 모두에서 들뢰즈는 사유에서 폭
력이 얼마나 중요한지를 강조한다. 사유는 습관적인 것에 의해 생
기는 게 아니다. 그것은 우리에게 충격을 주면서 안이함에서 벗어
나 사유하도록 강요하는 파열적 사건에 의해 발생한다. "사유는
무엇보다 위반이고 폭력이다"라고 그는 쓴다(DR: 139). 그렇다면
사유는 특수한 방법을 배우거나 기존의 지식을 완전히 숙달하는
것이 아니라 들뢰즈가 묘사하는 마주침과 충격에 기반한 배움이
라는 "무한한 과제"로 이해될 수 있다(DR: 166).

어떤 페미니즘 이론의 개념이든 특히 지적 추구라는 측면에
서 볼 때, 우리는 사유한다는 것이 어떤 의미인지, 구체적으로 여
성이 사유한다는 것이 어떤 의미인지에서부터 시작할 필요가 있
다. 따라서 데카르트주의, 여성을 주변화하고 평가절하했던 철학
적 체계를 극복하는 방식들을 찾는 것이 중요하다. 들뢰즈가 제
시하는 이성에 대한 비판과 사유의 새로운 모델은 페미니즘 학자
들에게 유용한 도구인데, 왜냐하면 이는 합리성뿐 아니라 더 넓

게 철학의 문제적인 젠더화에 도전하기 때문이다. 사유에 대한 들뢰즈의 급진적인 재개념화는 우리가 사유하는 방식 그리고 사유가 하는 일을 바꿀 뿐 아니라 서양 역사 내내 지속된 '누가 사유와 철학을 할 수 있는가'라는 문제와 관련해 위계질서와 배제를 없앨 여지를 지닌다. 들뢰즈의 사유에 대한 모델은 주체성^{subjectivity}에 대한 관념들에 중차대한 영향을 끼치는데, 그의 주체성 관념은 그의 저서에서 자유주의 휴머니즘에서 개진된 인격 모델보다 더욱 복잡하고 비일관적이다.

사유에 대한 이러한 재공식화는 많은 점에서 페미니즘 이론에 유용하다. 배움에 대한 들뢰즈의 관념은 사유가 마주침에 내재적으로 발생함을 상기시킨다. 이는 사유가 필연적으로 구체적 신체들에서 일어남을 의미하는데, 신체들은 다양한 방식으로 젠더화되고 인종화될 수 있을 뿐 아니라 각기 다른 능력과 욕망을 가졌으며, 또 세계에 대한 구체적 경험을 가진다. 서양철학의 남근중심적 본질을 극복하고, 성차뿐 아니라 풍부하고 다양한 관점에 열려 있는 들뢰즈의 사유 형상화^{figuration}에는 [페미니즘 이론을 풍부하게 할] 여지가 있다. 또 이렇게 사유를 상황적인 것으로^{situate} 개념화하는 방식은 서양 이성을 지배하는 다른 많은 배제들을 넘어서는 가능성을 지니며, 커다란 비인간 동물처럼 존재론적으로 우리에게 가까운 존재뿐 아니라 바위, 박테리아, 식물처럼 감각능력^{sentience}이란 규범적 기준에 결코 미치지 못하는 존재에 대해서도 중요한 함의를 지닌다. 이런 다양한 '사유자들'에게 열려 있는 사유는 적절한 지식 체계가 있다는 관념에 도전하며, 인식^{epistemology}의 조직화와 표준화는 타고나거나 중립적인 것이 아닌 역사적 발생임을 상기시킨다. 그렇다면 사유는 '모든 사람이 아는' 것이나 오래된 지식의 정복에 관한 것이 아니다. 대신 사유는 새로움을 향해 있다. 차이를 다루는 새로운 방식, 사유하는 새로운 방식, 새로운 관념, 새로운 인식. 게다가 사유에 대한 들뢰즈의 비전은 세계를 만드는 능력을 사유에 부여한다. 이것이 사유의 민주주의적 잠재력이다. 우리가 차이에 우리 자신을 열 수 있게 된다면, 우리 모두 사유에 참여함으로써 하나의 새롭고 더 나은 세계가 될 수 있다. 들뢰즈의 작업이 인식론에 대한 페미니즘적 비판과 관련해 지니는 잠재력에도 불구하고, 들뢰즈와 페미니즘의 만남은 불안정하다. 다음 장은 들뢰즈가 페미니즘에 대해 명시적으로 말한 것 그리고 들뢰즈의 저서에 대한 페미니즘의 핵심 비판을 검토하기 위해 여성-되기$^{becoming-woman}$의 형상을 살펴본다.

2장

되기

Becomimg

되기는 들뢰즈가 존재, 정지^{stasis}, 동일성^{identity}을 대신해 제시한 개념이다. 되기는 규정된 패턴이나 시간을 통한 선형 운동$^{linear\ movements}$에 관한 것이 아니기에 발달이나 성장, 진화와 혼동될 수 없다. 그보다 되기는 이질적인 것들이 관계를 맺고 그 이전과는 다른 존재가 되었을 때 생성된 새로운 개념이다. 중요한 점은 되기란 어떤 것이 시작되거나 그것이 도달한 지점에 관한 것이 아니라는 사실이다. 들뢰즈는 되풀이해서 되기들을 사물의 한가운데 위치시킨다. "되기(생성)는 언제나 중간에 있다. 중간에서만 되기(생성)가 가능하다"(ATP: 323). 들뢰즈와 가타리가 제시한 되기의 예 가운데 하나는 말벌과 서양란의 짝짓기다. 여기서 암컷 말벌과 비슷한 물리적 감각적 특징을 보이는 특정 종류의 서양란(오르키데 난초)은 수컷 말벌을 이상한 성적 춤으로 유혹한다. 좌절한 말벌은 이 서양란 저 서양란으로 이동하면서 교미를 시도하며, 이런 과정에서 서양란들 사이에서 수분을 한다. 이러한 상황이 단순한 모방관계가 아니며, 서양란이 암컷 말벌을 단순히 모방하는 것이 아니라는 점을 강조하기 위해 들뢰즈와 가타리는 동시적인 '서양란의 말벌-되기'와 '말벌의 서양란-되기'를 묘사한다(ATP:

11).[1] 여기에서 말벌과 서양란은 그들의 신체가 새로운 기능을 찾게 되는 배치를 형성한다. 즉 말벌은 서양란의 재생산 장치의 일부가 되고, 서양란은 말벌의 생식 활동을 용이하게 한다. 이러한 되기는 문자 그대로 재생산적이지만 또한 사물과 관계 맺는 새로운 방식과 새로운 체화된 감각을 생산한다. 되기에서 중요한 것은 관련 행위자들 간의 동일성보다 이러한 새로움이다.

《천 개의 고원》의 열 번째 고원, '강렬하게-되기, 동물-되기, 지각불가능하게-되기'에서, 들뢰즈와 가타리는 여성-되기를 시작으로 아이-되기, 동물-되기, 식물-되기를 거쳐 기본입자-되기, 세포-되기, 분자-되기, 마침내 지각불가능하게-되기… 같은 더 추상적인 되기로 끝나는 되기들의 연속체를 보여준다(ATP: 274). 이러한 되기들 중 가장 첫 순서인 여성-되기는 페미니즘 이론에서 아마도 들뢰즈의 가장 논쟁적인 개념일 것이다. 이 장에서는, 되기와 관련해 들뢰즈에게 매우 특권적 위치를 차지하지만 많이 논의되지는 않는 여자아이의 형상을 논의하기 전에, 뤼스 이리가레, 앨리스 자딘, 로지 브라이도티 같은 페미니스트 학자들이 들뢰즈 저작에 대해 일찍이 평가한 것들에 대해 살펴볼 것이다. 그런 다

---

[1]   들뢰즈는 《천 개의 고원》에서 이 예에 대해 더 자세하게 기술한다. "말벌과 서양란을 결합시키는 생성의 선 또는 생성의 블록에서 말벌은 서양란의 생식 장치에서 해방된 개체가 되고 서양란도 자신의 생식에서 해방된 말벌의 오르가슴 대상이 된다는 점에서 말벌과 서양란에 공통의 탈영토화가 생산된다"(324).

음 들뢰즈의 되기 개념에 내재한 미래에 대한 책무^{commitment}를 검
토할 것이다. 이는 들뢰즈주의 페미니즘이 기본적으로 미래에 열
려 있다는 것을 확고하게 해준다.

여성-되기

들뢰즈와 페미니즘의 마주침은 끊임없이 변화해 왔지만^{volatile},
그의 저작에서 여성-되기의 개념만큼 명백한 것도 없다. 사실 페
미니스트들은 여성-되기 개념으로 인해 들뢰즈의 작업에 처음 개
입하게 되었다. 이 난해한 개념을 이해하기 위해 우리는 들뢰즈와
가타리가 구별한 몰적인 것과 분자적인 것 그리고 이것이 다수자
와 소수자라는 관련 개념과 교차하는 방식들을 먼저 살펴볼 필요
가 있다. 《천 개의 고원》에서 들뢰즈와 가타리는 왜 되기가 필연
적인지를 설명하기 위해 몰적인 것과 분자적인 것 간의 불균등성
^{disparity}을 활용한다. 이러한 도식^{schema}에서 몰은 안정적이고 예측가
능한 상태로 침전된 덩어리를 가리킨다. 몰적 실체들^{entities}은 "우리
가 우리 바깥에서 인식하며, 경험이나 과학, 습관 덕분에 재인식
하는 주체나 대상, 형태다"(ATP: 303). 예를 들어, 주체성과 관련해
몰적 실체는 우리가 재인식하기 쉬운 고정되고 규범적인 정체성
위치를 지닌 개인을 가리킨다. 반대로 분자적인 것은 동일성(정체

성)으로 응결되지 않는다. 그것은 생기가 넘치고 변하기 쉬운 분자적 집합성^{collectivity}으로 남는다. 되기(생성)의 목적은 몰적인 것을 무너뜨리고 분자적으로 되는 것이며 누군가에게 소수자가 되도록 허락하는 도주로나 탈주선, 운동을 발견하는 것이다.

몰적인 것과 분자적인 것은 다수자와 소수자의 대립과 매우 밀접하게 관련된다. 이는 소수 문학의 개념을 개진한 《카프카: 소수적인 문학을 위하여》(동문선, 2001)에서 처음 나타난다. 소수 문학은 억압된 소수자의 문학도 아니고 주변화된 민족들의 언어로 쓰인 문학도 아니다. 대신 소수 문학은 사회 지배 질서와 언어 그 자체의 안정성을 무너뜨리는 텍스트로 여겨질 수 있다. 들뢰즈와 가타리에 의하면, "소수적인 것 이외에 다수적인 것이나 혁명적인 것은 없다"(K: 26). 이러한 개념은 《천 개의 고원》에서 더 발전되는데, 이 책에서 그들은 다수적인 것은 통계적인 재현의 개념을 암시하는 것이 아니라 권력에 대한 접근성에 관한 것임을 분명히 한다. 들뢰즈와 가타리에게 다수성이란 "백인, 남성, 성인, '이성적임' 등 요컨대 언표 행위의 주체인 평균적 유럽인"이다(ATP: 322). 이런 기술에 걸맞게 다수성은 수적으로 더 많은 사람을 의미하는 것이 아니며, 숫자는 오히려 측정 기준일 뿐이다. 되기(생성)의 목적은 어떤 점에서 소수자가 됨으로써 다수자의 기반을 무너뜨리는 것이다. 사실 다수자는 점유되지 않은 공간이기에, 모든 사람이 이 과정에 참여하고 있다. 들뢰즈와 가타리는 "아무것도 아닌

자라는 다수자적 사실"the majoritarian Fact of Nobody이라고 표현했다(ATP: 118). 이런 점에서 그들은 다수적인 것이 규범적인 이상처럼 기능한다는 점을 인정한다. 이런 기준에 순응하는 것은 근방역proximity에서만 가능하며, 규범적 범주에 속한 사람들조차 단지 근사치로만 그럴 수 있다. 다수자/소수자 개념은 정치적 구조를 사유하기에 유용한 방식이다. 왜냐하면 누구든 특권적 지위에 온전히 접근하는 것을 거부함으로써 규범적인 것과 비규범적인 것(혹은 저항적인 것) 사이의 이항적 구분에 도전하게 하기 때문이다. 다르게 체현된 개개인들이 권력과 차이나는 관계를 맺는다는 점을 인정하는 것은 중요하다. 예를 들어, 여성의 몸을 가진 사람은 남성의 몸을 가진 사람보다 다수성의 위치에서 보다 더 멀리 있는 것이고, 다른 인종적 정체성과 계급 위치도 비슷하게 생각할 수 있다. 들뢰즈와 가타리는 우리 모두 소수자-되기에 관여하고 있지만, 우리의 체현된 구체성specificity으로 인해 다수적 기준으로부터 다른 정도의 거리를 두고 발생한다고 주장한다.

되기는 단지 분자적인 활동일 수 있다. 몰적-되기는 없기 때문이다. 남성은 전형적인 다수적 형상이기 때문에 남성-되기는 있을 수 없다. 오히려 모든 되기, 여성과 남성의 되기들은 우선 여성-되기를 거쳐야 한다(ATP: 306).[2] 들뢰즈와 가타리는 남성이라

2   펠라지아 구리마리(Pelagia Goulimari)는 여성-되기가 다른 모든 '되기'의 관문이라는 들뢰즈와 가타리의 주장은 두 가지 점에서 페미니즘의 성공을 인

는 다수자 기준으로 보면 여성이 소수자지만, "형태로 규정되고, 기관과 기능을 갖추었으며, 주체로 성립될 때" 여전히 몰적 실체일 수 있음을 인정한다(ATP: 304). 들뢰즈와 가타리는 버지니아 울프의 글쓰기를 예로 든다. 울프가 여성으로서 글을 썼기 때문이 아니라 그녀의 글쓰기가 "사회적 장 전체를 관통하고 가득 스며들어, 남성들에게 전염시키고 남성들도 여성-되기에 휘말려들도록 하는 여성성womanhood의 원자들"(ATP: 304)을 생산했기 때문에 중요하다. 밀러Henry Miller와 로렌스D. H. Lawrence 같은 가장 남성적인 작가들조차 그들의 글을 통해 "여성들의 근방역이나 식별불가능성의 지대에 들어가는 입자를 건드려 방출할 수 있고"(ATP: 304) 여성-되기에 참여할 수 있다. 《디알로그》(동문선, 2021[개정판])에서 들뢰즈와 파르네Claire Parnet는 여성-되기란 역사적 범주와 아무 관련이 없다고 상세히 설명한다. 실제 여성들은 이러한 역사적 형상을 벗어나기 위해 여성-되기로 들어가야 한다고 그들은 주장한다(D: 2). 남성과 여성은 소수자-되기의 다른 형태들 중 하나로 들어가기 위해 여성-되기를 통과할 필요가 있다.

　　표면상으로 페미니스트들이 들뢰즈와 가타리에 대한 비판에

증한다고 한다. 즉 가부장제에 도전하는데, 그리고 가부장 시스템에서 여성에게 할당된 역할(남성의 부수적 존재, 다수자 원칙의 종속된 대상) 외 다른 것-되기를 위한 여성의 욕망을 용이하게 해준다는 것이다[Goulimari(1999), "A Minoritarian Feminism? Things to Do with Deleuze and Guattari", *Hypatia: A Journal of Feminist Philosophy*, 14(2), 103].

서 여성-되기 형상에 집중하는 것은 놀라운 일이 아니다. 만일 들뢰즈와 가타리가 소수자-되기의 다양한 현현에 부여하는 긍정적 가치^{valence}를 제쳐둔다면, 우리는 되기의 연속체(여성-되기, 아이-되기, 동물-되기에서 지각불가능하게-되기까지)가 여성을 문제적 위치에 두는 방식에 대해 추궁할 수 있을 것이다. 예를 들면 이는 여성을 아이처럼 보는 역사적 틀에 기여하면서, 여성을 아이의 형상에 더 가깝게 만든다. 즉 여성을 (역사적으로 성인 남성에 속한 공간인) 공적 영역보다 사적 영역에 속하게 하고 남성보다 덜 성적이고 더 순진한 존재로 자리매김한다. 그것은 또 여성을 더욱 동물적이고 남성보다 더 비이성적이고 체화된 존재로 위치시키면서 여성을 동물에 더 가까운 근방역 안에 둔다. 이는 우리가 여성의 위치가 식물에 더 가깝고 궁극적으로는 지각 불가능함에 더 가깝다고 암시하는 문제적 측면을 살펴보기 이전의 일이다. 들뢰즈와 가타리가 그들의 저작에서 은유적으로 말하는 것이 아니라고 주장하는 것은 별 도움이 되지 않는다. 그러나 여성-되기의 형상이 문제적인지 여부를 고려하고자 할 때, 들뢰즈와 가타리가 본질적 의미보다 구조적 의미로 여성에 대해 언급하고 있기 때문에 소수자-되기라는 보다 더 넓은 문맥에서 여성-되기의 형상이 문제적인지를 고려하는 것은 중요하다. 되기는 '남성'보다는 '여성'을 통해 이루어진다. 이는 여성이 가진 어떤 내재적 특질 때문이 아니라 가부장제 안에 놓여 있다는 위치, 즉 여성이 소수적이기 때문이다. 만일 여성-

되기가 여성의 본질적 특성에 관한 것이라면, 그것은 몰적 범주와
다수자의 체계에 대한 것이지 전혀 분자적인 것이 아닐 것이다.

들뢰즈와 가타리에 대한 최초의 페미니즘 비평은 1977년 프
랑스에서 출판된 이리가레의《하나이지 않은 성》(동문선, 2000)에
서 볼 수 있다. 이리가레는 들뢰즈와 가타리의 이름을 명확하게
언급하지는 않지만 그들의 작업이라고 여겨지는 '욕망하는 기계'
'기관 없는 신체' '여성-되기' 등 몇 가지 개념을 의문시했다(1985:
140-141). 이리가레는 여성다움과 여성 신체의 구체성의 삭제에
대해, 또 여성의 욕망을 중립적 욕망으로 나타내는 것에 대해 비
판적이다. 중립적으로 여겨지는 대부분의 것들이 사실은 남성적
인 것이기 때문이다. 이리가레는 "여성의 욕망이 실현될 수 있는
영토화되지 않은 공간"(1985: 141)의 전유를 우려한다. 이리가레가
들뢰즈의 개념에 대해 최초의 페미니즘 비판을 한 것은 흥미로운
데, 왜냐하면 들뢰즈 저작에 대한 페미니즘 이론의 어떤 성과들은
그의 저작과 이리가레의 저작을 연결한 결과이기 때문이다.[3]

앨리스 자딘은 1985년 미국 독자를 대상으로 한 프랑스 이
론에 대한 책,《기원: 근대에서 여성의 배치들》*Gynesis: Configurations of
Woman in Modernity*을 출판했다. 이 책의 한 장인 "연옥에서의 여성: 들
뢰즈와 그의 형제들/타자들"*Woman in Limbo: Deleuze and his br/others*이 1984

---

3   예를 들어, 이는 Grosz(2011)와 Lorraine(1999) 등을 참조하라.

년 저널 〈서브스텐스〉*SubStance*에 실렸고, 이 글에서 자딘은 들뢰즈
와 가타리의 작업에 좀 더 단호하게 관여했다. 그들의 작업에 대
한 자딘의 질문은 대륙 철학에서의 여성과 여성다움의 담론적 존
재에 관한 프로젝트의 일부였다. 이 두 가지 버전의 글에서 자딘
은 들뢰즈와 가타리의 연구에서 페미니즘을 위한 잠재성을 거의
발견하지 못하며, (그 당시 신임 연구자였던) 프랑스의 로지 브라이
도티를 제외하면, 들뢰즈와 가타리는 "여성 제자들"이 거의 없다
고 언급한다(1985: 47). 자딘의 지적은 흥미롭다. 1980년대 후반에
서 1990년대 초반 페미니스트들에게 크게 관심을 받은 푸코 같은
급진적 프랑스 사상가와 들뢰즈를 비교할 때, 들뢰즈의 단독 작업
과 공동 연구에 대한 페미니스트들의 관심이 상대적으로 부족했
다는 점은 의미심장하다.[4] 〈서브스텐스〉에 실린 논문에서 이에 대
해 놀라움을 표현하면서 프랑스 이론가로서 들뢰즈와 가타리가
그들이 '여성운동'이라고 부른 것을 공개적으로 지지한다는 점에
서 독특하다고 말한다. 그러나 페미니즘에 대한 공개적 공감에도
불구하고 들뢰즈와 가타리는 저작 내내 문제적인 젠더 유형(스테
레오타입)을 가지고 있다고 자딘은 비판한다(1984: 47). 자딘은 여

[4]   페미니즘과 푸코에 대해서는 Diamond·Quinby(1988), Butler(1990), Mc-
Nay(1992), Soper(1993) 등을 참조하라. 로지 브라이도티와 엘리자베스 그로
츠 같은 페미니스트들이 1980년대와 1990년대에 페미니즘과 연관시켜 들
뢰즈의 연구에 관여한 반면 페미니즘과 들뢰즈에 대한 첫 번째 편집 총서,
이언 뷰캐넌(Ian Buchanan)과 클레어 콜브룩(Claire Colebrook)이 편역한《들
뢰즈와 페미니즘 이론》(*Deleuze and Feminist Theory*)은 2000년에 출판되었다.

성-되기가 남성의 자기-변신을 위한 수단으로 여성을 위치시킨다는 점에서 여성-되기의 형상에 대해 깊은 의구심을 가진다. 자딘은 또한 들뢰즈와 가타리의 여성-되기 과정에서 우선 사라질 수밖에 없는 것은 여성이라고 지적한다. 자딘은 "여성-되기 과정이 단지 여성은 더 이상 쓸모없게 되었다는 오래된 우화의 새로운 변이에 불과하다고 보는 것이 가능하지 않을까?"라고 반문한다. 단지 "요동치는 바다 같은 남성적 배치물에서 잡힌 여성의 형상이라는 시뮬라크르(허상)만이 남을 것이다. 그것은 단지 **남성의** 변신metamorphosis을 위해 필요한 침묵의, 변할 수 있는, 머리 없는, 욕망 없는 공간적 표면 아닌가?"(1984: 54, 원문 강조).

자딘은 미셸 투르니에Michel Tournier의 《방드르디, 태평양의 끝》(민음사, 2003)[5]에 대한 들뢰즈의 글(《의미의 논리》의 부록으로 영어로 출판됨)[6]과 관련해 들뢰즈 연구에서 여성이 삭제되었음을 자세히 비판한다. 프랑스에서 1967년 출판되고 1969년에 영어로 번역된 투르니에의 《방드르디, 태평양의 끝》은 대니얼 디포의 《로빈슨 크루소》의 초기 포스트모던적 다시 쓰기였다. 이 책에서 자딘이 주목한 것은 표류된 주인공이 타인의 부재 속에서, 특히 여성의 부재 속에서 어떻게 환경과 관계 맺는지를 기술한 부분이다.

---

5   [옮긴이] 원제는 *Vendredi ou les limbes du Pacifique*(1967)다.

6   [옮긴이] "미셸 투르니에와 타인 없는 세상"(Michel Tournier and the World Without Others)은 《의미의 논리》의 다섯 보론 가운데 네 번째 글이다 (Deleuze, 1990:301-321/474-499).

로뱅송은 깊고 희망 없는 우울 속에 뒹굴거나 (탈출할 배를 만들고, 집을 짓고, 미개척지를 일구고, 시간 측정 방법을 고안하는) 맹렬한 활동의 몰입 사이를 오간다. 처음에 그는 그 섬을 '탄식의 섬'으로 이름 지었다가 '스페란차'(이탈리아어로 '희망'이란 뜻)로 다시 이름 붙인다. 그는 스페란차를 지배하게 되면서 그 섬이 여성이라고 생각하게 되고, 스페란차의 지도를 보면서 이를 더 확신한다. "어떤 각도에서 보면, 그 섬은 여성의 몸, 머리는 없지만 그럼에도 여성을 닮았다"(1997: 37-38)라고 생각한다.[7] 여성의 몸을 한 이 섬은 로뱅송에게 어머니이자 연인이다. 그는 그녀의 자궁 같은 동굴에서 다시 태어나고, 욕망의 방향을 다시 틀어 자딘이 "우주적 잔치"cosmic orgy라고 기술하는 곳(1984: 57)에서 대지와 성교하며, 거기에서 이상하고 하얀 꽃이 핀다.[8] 물론 우리는 여성에 대한 투르니에의 재현을 뿌리 깊은 성차별주의로 읽을 수 있다. 스페란차의 '머리' 없음

[7] [옮긴이] "사실 그가 대략적으로 그린 섬의 지도를 바라보고 있노라면 섬은 어떤 머리 없는 여자의 몸, 복종과 공포 혹은 단순한 포기의 태도가 서로 분간할 수 없을 만큼 뒤섞인 자세로 두 다리를 접고 앉아 있는 여자의 모습처럼 보이기도 했다"(《방드르디, 태평양의 끝》, 57).

[8] [옮긴이] 로뱅송은 자신의 정액이 뿌려진 곳에만 나는 이 식물의 이름을 구약성서의 아가(雅歌)로부터 '만드라고라'라고 칭하면서 마치 스페란차 섬을 자신의 아내로, 그리고 스페란차의 대지를 자신의 사랑의 분신인 양 여긴다. 로뱅송은 그 식물의 뿌리를 매우 조심스럽게 파내고는 "살이 통통하고 허연 그 뿌리는 기이하게도 두 갈래로 찢어져 있어서 분명 계집아이의 몸과도 흡사했다"(《방드르디, 태평양의 끝》, 169)고 묘사한다. 이는 대지를 어머니나 연인으로 등치하는 등 페미니즘 시각에서 비판적으로 볼 여지가 있는 부분이다.

은 정신보다 육체와 더욱 긴밀히 연결된 여성에 대한 데카르트적 해석과 공모한다. 더욱이 이렇게 머리가 없다는 것은 대개 얼굴과 의식에 주로 새겨지는 여성 주체성을 부정하는 것이다. 이 섬은 로뱅송의 엄마이자, 식민지화를 강간으로 재현하는 것과 상응하는 (근친상간의) 성교 행위에서 그의 씨를 받아내는 수동적인 그릇인 셈이다.[9]

그러나 들뢰즈의 해석은 전통적인 인간의 젠더와 섹슈얼리티에 초점을 맞추지 않고, 타인의 부재 가운데 로뱅송의 욕구가 오이디푸스적 배치들을 탈주하고 '태양적'solar[10]이 되는 것에 초점을 맞춘다(LS: 318). 투르니에에 의하면 그것은 **자연적인**elemental 섹슈얼리티다(1997: 211, 원문 강조). 이는 투르니에가 우리 세계를 구조화하는 자아/타자의 구별distinction로부터 탈주할 수 있고 들뢰즈가 "타인의 타자"otherwise Other(LS: 319)라고 칭하는 존재와 마주칠 수 있기 때문이다. 들뢰즈는 이를 "한 사람의 타자가 아니라 완전히 타자적인 어떤 것"이라고 설명한다(LS: 317). 우리는 이 점을 그가

---

9   자딘(1984)과 피터 홀워드(Peter Hallward, 1997)의 들뢰즈 비평에서 투르니에의 《방드르디, 태평양의 끝》이 차지하는 자리에 대한 논문에서, 로널드 보그(2009)는 투르니에가 실제로 《로빈슨 크루소》에서의 자본주의와 식민주의에 대한 문제적 재현의 역사를 폭로하고자 시도했다고 언급한다. 따라서 그는 스페란차의 '강간'을 의도적으로 비판한다(2009: 129).

10   [옮긴이] "로뱅송은 분화된 성의 관점에서는 더 이상 스스로를 이해하거나 방드르디를 이해할 수 없다. 우회의 이 소멸에서, 욕구의 원인과 대상의 이러한 분리에서, 원소들로의 이러한 회귀에서 죽음 본능의 기호를 보는 정신분석학으로부터 해방되는 것, 욕구는 태양적이 된다"(LS: 495).

스페란차 섬 그리고 방드르디와 맺는 관계를 통해 알 수 있다. 방
드르디는 죽임을 당하기 전 자신의 부족으로부터 도망칠 수 있도
록 그가 도와주어 섬에서 살게 된 인디언이다. 스페란차 섬의 지
배자에서 연인으로 바뀌면서, 로뱅송은 스페란차 아래서 또 다른
섬을 발견한다. 비슷하게 로뱅송은 방드르디로부터 자아/타자, 주
체/객체의 이분법을 넘은 타자인 "타인의 타자"와 마주치게 된다.

들뢰즈에 대한 자딘의 비판은 《방드르디, 태평양의 끝》에 대
한 그의 독법에서 그녀가 타자의 삭제로 보는 부분, 즉 그녀가 여
성성의 소거로 해석한 부분을 겨냥한다. 투르니에의 로뱅송이 **"내
자신을 여성으로 또 하늘의 신부로 여겨야 한다"**(1997:212, 원문 강조)고
선언할 때, 여성-되기의 문제점—그것이 남성의 자기-변신을 위
해 여성의 공간을 뺏는 것이든 아니면 적어도 전유하는 것이든—
은 울려퍼진다. 여성적인 것의 삭제는 로뱅송과 방드르디의 브로
맨스에 의해 복잡해진다. 이는 문자 그대로 여성이 없는 세계다.
나아가 화이트버드호와 선원들의 도착으로 남성들만의[homosocial] 세
계는 계속 유지된다. 로뱅송이 그의 섬에 남기로 결심했을 때 방
드르디는 로뱅송 몰래 화이트버드호를 타고 떠난다. 동시에 화이
트버드호에 있던 어린 수부는 배에서 계속 구타를 견디는 것보다
로뱅송에게 자신의 운명을 맡기자며 배를 떠난다. 자딘은 이 아이
를 "대지에서 나거나 여성에게서 자라지 않고 하늘에서 내려온"
"로뱅송의 도착성이 낳은 궁극적 열매"로 해석한다(1984: 58). 따라

서 자딘의 해석에서 그 아이는 로뱅송이 하늘과 결합해 얻은 결과
이며, 여성적인 것은 불필요하게 된다. 이 세계에서 여성을 위한
공간이나 "단성적이고^{monoseuxal} 형제적인 기계들"에 대한 여성의
욕망을 위한 공간은 없다(1984: 59).

자딘의 독법의 강점은 여성과 여성적인 것이 텍스트에서 차
지하는 위치에 대해 방심하지 말아야 함을 상기시켜주는 데에 있
다. 우리 자신의 상황(시간적으로나 지리적으로)과 거리가 먼 텍스트
를 살펴볼 때조차, 문자 그대로든 은유적이든, 성차별적 언어나
젠더의 재현에 대해 얼버무리지 않고 넘어가는 것이 중요하다. 그
러나 투르니에와 들뢰즈에 대한 자딘의 텍스트 분석은 어떤 심각
한 한계를 지닌다. 로널드 보그^{Ronald Bogue}는 스페란차에 대한 여성
의 부재와 관련해 또 다른 해석을 제시한다. 예를 들어, 그는 어린
수부를 로뱅송의 아이라기보다 연인으로 해석함으로써 같은 텍
스트를 퀴어적으로 분석한다.[11] 자딘의 해석에서 가장 문제적인
것은 가부장제 같은 억압적 체제에서 드러나는 권력, 의미, 가치
의 구조를 허무려는 들뢰즈와 가타리의 더 큰 프로젝트를 무시한
다는 것이다. 여성과 여성적인 것에 대한 들뢰즈와 가타리의 언급
은 이러한 구조적 문맥 안에 있기 때문이다.

브라이도티는 자신의 책 《부조화의 패턴들》이 자딘의 책

---

[11]   Bogue(2009), "Speranza, the Wandering Island", *Deleuze Studies* 3(1), 131.

《기원: 근대에서 여성의 배치들》과 공통의 프로젝트를 다루고 있음을 인정한다. 브라이도티는 자신의 저서가 페미니즘 연구 집단의 도움을 받았음을 인정하고, 자딘의 책을 자기 책의 동반자로 자리매김한다(1991: vii). 자딘처럼 브라이도티는 프랑스 후기구조주의의 사유 안에서 여성에게 부여된 철학적 위치에 관심을 둔다. 여기서 그녀는 자유주의 휴머니즘적 주체의 몰락에 대항하는 지도를 그린다. 브라이도티의 책은 들뢰즈에 관한 비판에도 불구하고 들뢰즈의 개념들을 매우 치밀하게 변주한다.[12] 들뢰즈와 가타리의 여성-되기 형상figure[13]은 철학에서 은유로서 여성주의적인 것의 다른 활용 사례와 더불어 브라이도티의 작업에서 맥락화된다. 브라이도티는 특히 데리다Jacques Derrida와 라캉Jacques Lacan에 관심을 가지면서, 구체적으로 철학의 여성-되기라는 데리다의 관념에 흥미를 보인다. 이는 다른 많은 남성 이론가들이 철학 논쟁에 여성

[12]   브라이도티는 이후 저서들에서 들뢰즈 연구가 페미니즘에 지니는 더 큰 잠재력을 발견한다. 브라이도티의 《변신: 되기의 유물론을 향해》(꿈꾼문고, 2020), 《트랜스포지션: 유목적 윤리학》(문화과학사, 2011, 원서는 2006년 출간), 《유목적 주체: 우리 시대 페미니즘 이론에서 체현과 성차의 문제》(여이연, 2004)를 참조하라.

[13]   [옮긴이] 형상화는 사유의 비유적 방식이 아니라 위치 지어지거나 내장된(embeded) 그리고 체현된(embodied) 위치들에 대한 좀 더 유물론적인 지도 그리기(cartography)라고 할 수 있다. 이러한 카르토그래피적 태도는 윤리적 책임과 정치적 힘 기르기로서 유목적 주체성을 설명하는 방법으로 향하는 첫 번째 움직임이다. 형상화는 권력 관계들의 카르토그라피적 지도를 그려내어 저항의 가능한 자리와 전략 들을 식별하는 데 도움을 줄 수 있다[Braidotti, Rosi(2001), *Metamorphoses: Towards a Materialist Theory of Becoming*. 《변신: 되기의 유물론을 향해》, 김은주 역(꿈꾼문고, 2020)].

주의적인 것을 끌어들였음을 상기시킨다. 브라이도티는 여성-되기를 독해하면서 들뢰즈와 가타리가 여성을 가부장제의 한 장소로 위치 지운 것에 주의를 기울인다. 브라이도티는 들뢰즈와 가타리의 세계는 "여성성이나 여성적인 것에 관해 어떠한 신비화도 품지 않는다"고 밝힌다(1991: 118). 그러나 브라이도티는 그들의 작업에서 남성과 여성 모두 여성-되기라는 동일한 과정에 개입되는 방식에 대해 비판적이다. 왜냐하면 이는 성차의 소멸을 실행하기 때문이다. 그녀는 이러한 방식으로는 여성의 억압과 투쟁의 독특성뿐 아니라 남성과 여성이 이 과정을 시작하는 불평등한 위치가 지워진다고 주장한다(1991: 119).

이리가레, 자딘, 브라이도티는 여성-되기가 성차를 지운다는 비판에 한목소리를 낸다. 그 사례로 브라이도티의 글을 인용해 보자.

단지 남성만이 성적 중립성을 이상화할 것이다. 왜냐하면 남성은 권리상 그의 욕망의 문법인 섹슈얼리티를 표현하는 특권을 지니기 때문이다. 그리고 남성은 주체로서 언표행위에 있어 그 자신만의 위치를 지닌다. 이러한 근본적인 기회는 여성에게 늘 거부되었다. 여성은 자신이 언표행위의 주체이자 성별적 신체의 주체임을, 또 주체의 위치를 가질 자격이 있음을 주장하려고 애쓰는 단계에 여전히 놓여 있다(1991: 121).

이러한 여성들이 다양하게 기술하고 있는 역사적 문맥에서, 이는 놀라운 비판은 아니다. 무엇보다 성차는 크리스테바, 식수, 이리가레 같은 유럽에서 활동하는 들뢰즈의 동시대 페미니스트들에게 너무 중요했기 때문이다. 브라이도티는 들뢰즈와 가타리가 여성-되기 개념을 내놓은 타이밍이 철학 논쟁에서 여성의 위치와 관련해 문제적이라고 지적한다. 그녀는 여성이 철학에서 그들의 목소리를 발견하기 시작하자마자 여성과 마찬가지로 남성들도 말하기를 원한다고 하는 것은 편의주의적convenient이라고 말한다 (1991: 122).

가부장제 내에서 여성의 주변부적 위치로 인해 여성-되기는 다른 모든 되기의 관문이 된다. 그러나 여성보다 목소리를 덜 내는 여성적 형상이 존재한다. 이는 어린 여자아이다. 들뢰즈의 저작에서 여성-되기의 전형적 형상으로서 가장 특권적 지위가 부여된 것이 바로 여자아이다. 들뢰즈의 글에서 아이들 특히 여자아이의 위치는 여성-되기 형상에 주어진 관심의 수준 근방에도 미치지 못한다. 그러나 아이 개념의 중요한 탐구는 (이들에만 국한된 것은 아니지만) 안나 힉키-무디Anna Hickey-Moody14의 어린 시절의 비목적론적 이론에 관한 연구와 캐서린 드리스콜Catherine Driscoll15의 연구를

---

14   [옮긴이] Hickey-Moody, Anna(2013), "Deleuze's children", *Educational Philosophy and Theory 45* (3), 272-286.

15   [옮긴이] Driscoll, Catherine(1997), "The Little Girl: Deleuze and Guattari", In *Critical Assessments of Leading Philosophers* Vol 3, edited by Gary Genosko, 1462-

들 수 있다. 드리스콜은 여성-되기의 장소로서 여자아이에 관한 들뢰즈의 연구와 문자 그대로 여성이 되는 과정으로서 사춘기 사이의 긴장을 탐구했다. 여자아이가 여성-되기만큼 비판적 고찰의 대상이 된 형상은 아닐지라도, 여성-되기 개념의 어떤 생산적 측면을 우리로 하여금 보기 시작하게 한 것은 바로 여자아이에 관한 들뢰즈의 글에서다.

여자아이

아이-되기는 여성-되기와 동물-되기의 오래 논쟁된 형상들 사이에 놓여 있다. 여성-되기처럼 아이-되기는 모든 이들이 되기의 과정에서 거쳐갈 수 있는 단계다. 이는 어떤 면에서 남성과 여성 모두 여성-되기를 거쳐야만 하고, 어른과 아이 모두 아이-되기를 거쳐야만 한다는 것을 의미한다. 들뢰즈는 그의 저서 곳곳에서 아이에 관해 언급한다. 들뢰즈는 남자아이와 여자아이의 형상들을 통해 성별화된 구체성 안에서 아이에 관해 기술한다. 들뢰즈의

1479, London: Routledge.

Driscoll, Catherine(2000), "The Woman in Process: Deleuze, Kristeva and Feminism", In *Deleuze and Feminist Theory*, edited by Ian Buchanan and Claire Colebrook, 64-85. Edinburgh: Edinburgh University Press.

책 속에 나오는 꼬마들 가운데 들뢰즈가 스피노자주의자[16]로 묘사한, 자신의 '고추'에 집착하는 꼬마 한스(ATP: 282)가 있고, "리토르넬로에 대해"Of the Refrain 고원의 시작 부분에서 낮은 목소리로 노래하는 남자아이(ATP: 343) 그리고 자신의 기차로 오이디푸스 게임을 하는 멜라니 클라인Melanie Klein의 환자 딕little Richard이 있다(AO: 45). 그러나 여성-되기의 개념과 관련해 특별하게 중요한 위치를 차지하는 것은 여자아이의 형상이다. 들뢰즈와 가타리가 모든 되기들은 여성-되기를 거친다고 주장하기 때문에(ATP: 306), 여성-되기의 예로서 기술된 그 여자아이는 그들의 연구에서 중요한 위치를 차지한다. 《천 개의 고원》의 되기 논의에서 여자아이의 위치를 살펴보기 전에, 들뢰즈 저서에서 매우 특별한 여자아이의 위치를 검토하겠다. 바로 《의미의 논리》에서 들뢰즈를 매료시킨 루이스 캐롤의 앨리스다.

《의미의 논리》에서 앨리스는 사건, 언어, 논리, 스토아철학, 정신분석학 등 논의의 시작부터 끝까지 등장하는 인물이다. 이 텍스트에서 앨리스는 많은 기능을 가지고 있다. 드리스콜은 앨리스에게 "역설적이게도 영웅/반영웅"이 모두 존재한다고 말한다(1997: 79). 앨리스는 주체/객체 이분법을 피하고 안티-오이디푸스

---

16   [옮긴이] "아이들은 스피노자주의자다. 꼬마 한스가 '고추'에 대해 말할 때 그것은 하나의 기관 또는 기관의 기능이 아니라 일차적으로 하나의 재료, 즉 연결 접속들, 운동과 정지의 관계들, 재료가 이루는 개체화된 잡다한 배치물들에 따라 변화하는 요소들의 집합을 가리킨다"(ATP: 282).

적이며 스토이즘을 이해하며 무엇보다 되기의 전형적 예가 되는 형상이다. 들뢰즈는 되기의 역설을 논하면서 《의미의 논리》를 시작한다. "무한한 동일성"은 "과거와 미래, 어제와 내일, 더와 덜, 너무와 아직, 능동과 수동, 원인과 결과 등 두 방향으로 동시에 진행하는 것"을 긍정한다(LS: 2). 이상한 나라에서 기이한 모험을 하면서 앨리스는 표면과 깊이를 항해해야만 하고, 그녀 자신의 몸과 그녀 주변의 사물들이 규모가 달라지면서 크기를 조절해야 하고, 의미 그리고 무의미와 지속적으로 관계맺도록 요구된다. 그녀는 들뢰즈가 《의미의 논리》에서 "순수 되기(생성)"로 칭한 것을 집약한다.

되기와 연결되는 것은 특히 어린 여자아이다. 들뢰즈는 루이스 캐럴이 사내아이들을 싫어한다고 언급한다. 사내아이들은 "그릇된 심층…그릇된 지혜와 동물성"(LS: 10)과 연관되어 있기 때문이다. 들뢰즈에게 소년은 몰적인 정체성 위치와 더욱 긴밀하게 연관되어 있다.[17] 앨리스는 여자아이의 형상으로서, 표면을 선호하고 거짓 심연을 거부하기 때문에 순수 생성에 관여할 수 있으며, 행위란 사물의 경계와 가장자리에서 일어남을 알 수 있다(LS: 9). 순수 되기는 하나의 고착되고 유한한 몰적 상태에서 또 다른 상태로 이행하지 않고 오히려 분자적 상태를 유지하는 진정한 되기

---

17   《의미의 논리》에서 동물은 깊이(depth)와 연관되는데, 들뢰즈와 가타리는 이러한 사실이 "더이상 찬사는 아니다"라고 말한다(LS: 9).

다. 도로시아 올코스키$^{Dorothea\ Olkowski}$는 여자아이를 들뢰즈와 가타리 저작에서 분자적인 것의 위치와 함께 좀 더 넓게 문맥화한다. 오이디푸스 아래 "분자적 무의식, 안정적 형태 아래 기능주의, 가족주의 아래 다중적 도착성^{perversity}"(2008: 119) 등 여자아이를 분자적-되기로서 설명한다. 이어서 올코스키는 "여성이나 심지어 남성 아래, 어린 여자아이인 이상한 나라의 앨리스는 기준, 의미, 정체성, 인과관계의 제약들로부터의 되기를 풀어놓는다"고 기술한다.[18]

들뢰즈와 가타리는 《천 개의 고원》에서 여자아이 형상의 분자적 능력과 관련하여 여자아이에 관해 말한다. 여기서 들뢰즈와 가타리는 되기에 휘말려드는 것은 실제 여자아이나 아이들이 아니며 차라리 이는 모든 사람이 통과할 수 있는 상태라는 점을 우리에게 상기시킨다. 그리고 이는 문자 그대로 여자아이가 여성으

---

[18]   드리스콜(1997)은 여성적 사춘기 또는 여자아이가 여성이 되는 문자 그대로의 방식들이 들뢰즈 연구에서 여자아이와 여성-되기의 형상과 어떻게 교차하는지를 묻는다. 드리스콜에게 여성적 사춘기는 여자아이들과 여성들 사이의 분리와 결합에 대한 것이다(1997: 81). 들뢰즈에게 앨리스는 몰적 범주로서 여성이 될 수 없고(그녀는 자랄 수 없다), 순수 되기에 내재된 역설을 체화하기 위해서 그녀의 역량을 유지할 수 없음을 드리스콜은 강조한다(1997: 95). 다른 한편 올코스키에게 앨리스의 성장하기 위한 잠재력은 더욱 긍정적이다. 루이스 캐럴은 "앨리스가 언어와 논리의 한계, 가능성의 한계 없는 세계의 한계, 인과관계와 동일성이 없는 세계, 시간의 화살 없는 세계, 의미나 기준이 없는 세계를 또한 이해할 것이라고 말할 것을 잊는다. 그리고 이런 점을 이해하면, 앨리스는 단순하고 순수한 마음을 가진 여성이 아니라 이해할 수 있는 여성, 즉 사색가…철학자가 될 것"이라고 올코스키는 주장한다(2008: 121).

로 되는 방식과는 아무 상관이 없다. 여성 주체는 여자아이의 형상과 관련해 특권적 위치를 지니지 않는다. 들뢰즈와 가타리는 "여성-되기 또는 분자적 여성은 여자아이 그 자체"라고 말한다(ATP: 305). 그리고 여자아이는 "각 성별의 여성-되기이며 이는 아이가 각 나이의 청춘-되기인 것과 마찬가지다"(ATP: 306). 이때 여자아이는 발달상 특정 단계나 특정한 성별로 규정되지 않는다. 또는 들뢰즈와 가타리가 제시하듯 여자아이는 처녀성에 의해 규정될 수 없다(ATP: 305). 대신에 여자아이는 운동과 정지의 관계, 빠름과 느림의 관계에 따라, 또 원자들의 조합과 입자의 방출에 의해, 즉 '이것임'haecceity[19]에 의해 규정된다(ATP: 305). 이것이 여자아이의 분자적-되기가 어디에나 존재하는 이유다.

《몸 페미니즘을 향해》(꿈꾼문고, 2019)에서 엘리자베스 그로츠는 여성-되기의 형상을 보여주는 것은 여성이 아니라 여자아이라는 사실에 대해 언급한다. "(남색적) 환상을 위한 도구로서의 어린 여자아이나 완전히 순진무구로서의 여자아이 혹은 낭만적이

---

[19]   [옮긴이] '이것임'은 원래 존 둔스 스코투스(John Duns Scotus)의 용어다. 둔스 스코투스는 개체화 원리를 "한 종의 형상을 그 종의 개별자의 개별성에 제한시키는 궁극적 능동성"으로 상정하면서 '이것임'이라고 부른다. 하지만 들뢰즈가 내재면에 놓인 신체를 이것임이라고 부를 때 전적으로 둔스 스코투스의 개념과 동일한 의미는 아니다. 들뢰즈의 이것임의 문제의식은 신체를 그 자체로, 오로지 신체의 경도와 위도에 의거해서 규정하는 데 있다. 하나의 신체는 그것의 경도와 위도에 따라 지금 여기에 다른 무엇과도 구별되는 '이것'으로 존재한다는 것이다[성기현, 《들뢰즈의 미학: 감각, 예술, 정치》(그린비, 2019), 155-156].

거나 재현적 형상으로서의 여자아이가 아니라, 오히려 어떤 문화에서 몸이 가장 강도적으로 탈투자^{disinvestment}되고 재주조^{re-cast}되는 장소로서의 여자아이"라고 기술한다(1994: 174-175). 들뢰즈와 가타리는 포텐셜이 제어될 수 있는 장소로서 여자아이의 몸에 관해 말한다. 여자아이 같은 분자적 형상이, 남성다움과 여성다움을 구성하고 "대립적 유기체들"^{opposable organisms}의 양성 시스템을 만들어 내는 "이원적 기계"^{dualism machine}의 지배를 받을 때, 남성과 여성의 몰적 주체가 나타난다고 언급한다(ATP: 305). 이 과정을 통해 신체는 가능성의 공간이 아닌 특정한 방식으로 각인되는 신체가 된다. 그들은 "최초로 신체를 도둑맞은 것은 여자아이다. 즉 그런 식으로 행동하지 마라, 너는 이제 여자아이가 아니야, 너는 말괄량이가 아니야 등. 여자아이의 되기는 그녀에게 하나의 역사 혹은 선사^{prehistory}를 부여하기 위해 우선적으로 도둑맞는다"고 한다(ATP: 305). 여성-되기나 여자아이-되기는 여자아이 입자들이 방출될 수 있고 사회적 장을 통해 흐를 수 있도록 몸의 코드를 무화시키는 것과 관련된다. 그러나 그로스는 들뢰즈와 가타리가 여성 형상을 모든 되기가 통과해야 하는 추상적 형상으로 동원하는 것과 동일한 방식으로 또한 여자아이의 몸을 "훔친다"고 암시한다. 이때 소녀는 자신의 구체성을 잃고, 권력과 관련해 성별, 나이 혹은 위치와 관계없이 모든 사람이 접근할 수 있는 어떤 것이 된다"(1994: 175). 다시 여성-되기^{becoming-woman}의 형상에서처럼, 우리는 남성 철

학자들에 의한 여성적 형상^{female figure}의 전유를 의심할 필요가 있
다. 또 우리는 여성-되기와 여자아이의 연관성이 어느 정도만큼
여성을 유아화하는지 물을 수 있다.

물론 되기가 여성-되기나 여자아이-되기로 끝나지 않는다.
이는 지각불가능하게-되기 과정에서 첫 단계일 뿐이다. 소수자-
되기의 길은 분자성을 증진시키는 길 중 하나다. 들뢰즈와 가타리
에게 지각불가능한 것은 식별불가능한 것, 그리고 비인칭적인 것
과 서로 관련이 있고 이 모두는 높이 평가된다(ATP: 308). 지각불
가능하게-되기는 어떤 사람이 주위 환경으로부터 더 이상 지각
되지 않는 세계와 내재성의 상태를 이루는 것이다. 들뢰즈와 가
타리는 이를 추상적 선 같은 되기나, 다른 모든 사람 같은 혹은 전
세계 같은 만인-되기로 거듭해 묘사한다. 그들은 "사람들은 자기
위에 세계를 그렸지 세계 위에 자신을 그리지 않았다"고 말한다
(ATP: 221). 지각불가능하게-되기는 이제 주체나 대상이 되는 게
아니라 세계의 분자적 흐름으로 분해되는 것이다. 이는 개인들을
남성이나 여성, 어른이나 아이 같은 몰적 정체성 너머로 이끌고
정체성에 대한 이분법적 사고를 와해시킨다. 이는 인간 주체성뿐
만 아니라 우리가 그 안에 사는 권력의 구조에도 영향을 미친다.
존재의 일의성—모든 사물이 근본적인 평등성을 지닌다는 관념—
에 대한 들뢰즈의 집중은 또한 급진적으로 반인간주의 입장이기
도 하다. 지각불가능하게-되기는 인간의 특권을 거부하는 것이다.

우리가 들뢰즈와 가타리의 여성-되기 개념에 대해 기억할 필요가 있는 것은 페미니스트들과 다른 소수자 집단에 의해 수행된 자유주의 휴머니즘의 광범위한 비평과 그것이 공명한다는 것이다. 들뢰즈와 가타리에 의해 환기된 다수자의 기준은 다름 아닌 바로 자유주의적liberal 인간 주체의 형상이다. 소수자-되기의 모든 다양한 예처럼, 여성-되기는 이러한 형상의 안정성을 심각하게 무너뜨린다. 예를 들어, 여성-되기는 가부장제와 멀어지는 운동이며, 아이-되기는 인간됨personhood의 위치로서 성인기의 개념으로부터 떨어져나오는 움직임이고, 동물-되기는 인간중심주의으로부터 거리를 두는 운동이다. 모든 되기들은 소수자-되기의 일부분이고, 이는 권력을 지층화하고 억압을 창출해 내는 모든 위계질서를 필연적으로 분열시킨다.

페미니즘과 미래

여성-되기는 페미니스트들에게 공격적 비판을 받아온 들뢰즈의 전 작품에 등장하는 개념이다. 그러나 그것은 페미니즘 이론에 잠재적으로 가장 잘 활용할 수 있는 개념이기도 하다. 되기는 모든 것이 영원회귀 운동과 흐름의 상태에 존재함을 인정하기 때문에 안정된 상태보다 과정을 사유하도록 한다. 되기로 사유한다

는 것은 본질주의로부터 벗어나는 방법으로 페미니즘에 매우 유
용한 무엇인가를 제공한다. 여성에게 내면성 깊이 타고난 본질이
있다는 생각은 대개 여성을 제한하고 배제하는 데 활용되었다. 예
를 들어 여성은 본질적으로 양육적이며 따라서 가족 지향적이라
는 생각은 많은 사회에서 돌봄과 친족관계의 확연한 성차별로 이
어졌다. 친족관계의 성립은 노인 돌봄, 식사 준비, 사람들을 함께
하게 하는 감정노동 등 가족 유지를 위한 가사노동의 대부분을 여
성이 해냄을 보여준다. 이러한 노동에서의 성차별은 육아의 대부
분을 여성에게 책임 지우고 일반적으로 여성의 직업 경로에 영향
을 미친다. 노동 문화에서 남녀 참여를 상대적으로 살펴보면, 이
러한 본질주의적 믿음의 영향은 분명해진다. 평균적으로 여성은
승진을 못하거나 더 뒤처지고, 연금을 덜 받고, 리더의 지위에 오
를 가능성은 더 적다. 따라서 본질주의는 남녀가 가졌다고 상상되
는 속성에 관한 것이지만, 우리는 그러한 속성들의 현현을 구체적
상황에서 목도하게 된다.

　　본질주의에 도전한다는 것은 젠더에 관해 문제적·제한적 관
념에 맞설 뿐 아니라 '여성'을 본질적으로 정의되는 일련의 특징
들에 의해서가 아니라 사회-역사적으로 구체적이고 변화되기 마
련인 일련의 특성들과 관련된 하나의 기표로 생각할 수 있게 해준
다. '여성'이라는 기표는 다양한 역사적 기간과 문화에서 다양한
속성을 지시했기에 본질적인 어떤 것에 고착되어 있지 않으며 오

히려 문화적으로 구성된다. 우리가 존재^{being}보다 되기^{becoming}에 의해 사유한다면 '여성' 같은 범주를 근본적으로 미래에 열린 것으로 생각할 필요가 있다. '여성' 같은 범주들을 과정, 변화, 실험의 측면으로 이해하는 방식은 섹스, 젠더, 섹슈얼리티를 어떻게 이해해야 할지에 관해 중요한 기여를 한다. 우선 이는 우리가 미래에는 새롭고 알려지지 않은 방식의 성차를 살아갈 수 있음을 인정한다. 그러나 그것은 또한 현재의 젠더화된 정체성들이 단일적이지 monolithic 않다는 점을 인정하고, 사람들은 우리가 우리의 의미체계와 아직 싸워보지 못했던 방식으로 이미 성차를 살고 있음을 인정한다.

만약 '여성'이 미래에 열려 있다면, 페미니즘 또한 미래에 열어둘 필요가 있다. 들뢰즈주의 페미니즘이 미래지향적이라면 그것은 포스트페미니즘에 의미 있는 도전을 제기한다. 이는 대중문화보다는 학계에서 견인력이 더 약한 운동이다. 느슨하게 보자면 포스트페미니즘은 세대적 현상으로서 이해될 수 있다. 포스트페미니즘이 파워 페미니즘, 걸-파워 페미니즘, 그리고 제3물결 페미니즘에 속하는 더욱 급진적인 라이엇 걸$^{Riot Grrrl}$[20] 운동으로부터 발전해 왔을지라도, 그것은 신보수주의적·규범적 의제에 관심을 둔다. 포스트페미니즘이 페미니즘에 대한 반발로서 묘사되는 반면

20   [옮긴이] 미국에서 1990년대 초 시작된 언더그라운드 페미니스트로서 펑크 음악과 정치에 관심을 둔 하부문화 운동을 가리킨다.

앤 부룩스^{Ann Brooks}는 포스트페미니즘을 포스트모더니즘, 후기구
조주의, 탈식민주의의 교차점에서 긍정적으로 출현한 것으로, 그
리고 이전의 페미니즘 이론 유형과 비판적으로 관계 맺는 것으로
틀 짓는다(1997: 1).[21] 그러나 안젤라 맥로비^{Angela McRobbie} 같은 학자
들은 포스트페미니즘이 페미니즘을 부인하거나 과거로 강등시키
기에 페미니즘적 이해관계를 약화시킨다고 주장한다(2004: 255,
262).[22] 이는 포스트페미니즘이 음흉하다고 평가하는 패트리샤 맥
코맥^{Patricia MacCormack}의 주장과 상응하는 것이다. 왜냐하면 페미니
즘은 이미 목표를 이루었다고 여길 뿐만 아니라 자본주의식 여성
'해방'^{freeing}, 즉 여성이 원하는 대상과 방식(다시 말해 구매하라 그리고
보아라)을 자유롭게 누리는 것에 기반하면서, 냉소적으로 말하자
면 페미니스트가 되는 것에서 여성들을 완전히 해방시키는 유사
페미니즘이기 때문이다(2009: 87).[23] 포스트페미니즘에서 소비에
대한 강조는 포스트페미니즘이 집단적 행동보다 개인주의를 선
호하는 운동임을 확고히하면서, 이 운동의 신자유주의적 성향을
상기시킨다.

포스트페미니즘의 비판에서 (대부분) 젊은 여성을 조롱하고

21 [옮긴이] Broooks, Ann(1997), *Postfeminism: Feminism, Cultural Theory and Cultural Forums*, London and New York: Routledge. 1.

22 [옮긴이] McRobbie, Angela(2004), "Post-Feminism and Popular-Culture", *Feminist Media Studies 4* (3), 255, 262.

23 [옮긴이] MacCormack, Patricia(2009), "Feminist Becomings: Hybrid Feminism and Haecceitic (Re) producation", *Australian Feminist Studies 24* (59), 87.

그들이 자본주의 이데올로기에 속은 것이라는 프레임을 씌우는
경향이 있다 하더라도 포스트페미니즘 운동이 천명하는 안일함
을 우려하지 않을 수 없다. 맥코맥이 주장하듯이 포스트페미니즘
은, 페미니즘이 한때 목표가 있었지만 지금은 그 목표가 이루어졌
음을 함축하면서, 페미니즘을 불필요한 것으로 만든다. 이는 무엇
보다도 백인 중산층 페미니즘 유형이다. 그렇기에 이는 이전 페미
니스트들이 투쟁한 사회적 변혁으로부터 가장 많은 혜택을 입은
집단을 대표한다. 포스트페미니즘은 우리가 이미 젠더 평등에 도
달했다고 전제한다. 그렇기에 포스트페미니즘은 세계 다른 지역
에서 벌어지는 가부장제 노동을 문제적으로 백안시하고, 페미니
즘을 서구 여성의 조건을 다루는 운동으로서 틀 지운다. 그러나
포스트페미니즘은 서구 국가에 남아 있는 가부장제의 지속성을
또한 무시한다. 이는 권력에서의 남성 우위, 성차별적 임금 격차,
폭력, 특히 가까운 파트너에 의한 폭력과 성폭력의 피해자 대다수
가 여성이라는 불균형적 수치에서 드러난다. 이러한 목록을 염두
에 둔다면 우리가 정말 탈-성차별 사회에 살고 있는지, 그렇지 않
다면 미래로 나아갈 때 어떻게 우리가 페미니즘을 필요로 하지 않
을 수 있는지 의문시해야 한다.

　　젠더 평등을 페미니즘의 목표로 삼는 것은 언젠가는 젠더 평
등을 더 이상 요구하지 않을 수도 있다는 목적론적 운동으로 페
미니즘을 이해하는 것이다. 또 이는 페미니즘이 단 하나의 목표를

갖거나 그것의 성공을 측정할 확정적 방법이 있다고 상상한다. 그러나 더 이상 페미니즘에 확정적 목적이 있다고 상상하지 않는다면, 들뢰즈는 그것이 어떤 페미니즘이 될지에 대해 우리가 사유를 열어놓도록 변화시킬 수 있다. 클레어 콜브룩에 의하면, 포스트페미니즘은 성(또는 섹슈얼리티)보다 젠더에 관한 것이고 근본적으로 젠더 정치에 관한 것이다. 이는 젠더 정치가 성공적이었기에 더 이상 페미니즘이 필요하지 않다거나 혹은 젠더에 기반한 정치가 임무를 완성했기에 이제 젠더를 넘어 섹슈얼리티, 계급, 문화 같은 보다 복잡한 요소를 사유해야 함을 암시한다(2014: 158).[24] 콜브룩에 따르면, 문제는 포스트휴먼으로의 변화에서조차 젠더는 여전히 남아 있다는 것이다. 사실 젠더의 종말보다 자본주의나 세계 자체의 종말을 상상하는 것이 더 쉬울 것이라고 콜브룩은 언급한다(2014: 167). 이런 점을 염두에 두고 콜브룩은 여성-되기의 형상이 특히 유용하다고 주장한다. 이는 바로 여성-되기의 분자성 때문이다. 이 형상은 우리에게 남성이나 여성을 넘어 나아갈 수 있게 한다. 여성-되기는 여성의 모방이나 패러디가 아니라 새로운 정동affects, 새로운 사유방식과 존재를 가능하게 한다. 따라서 콜브룩에 따르면 여성-되기는 "남성의 수직적upright 도덕성 **그리고** 여성의 구원적 타자성the redemptive otherness에 맞서 싸우는 영속적 전쟁

24   [옮긴이] Colebrook, Claire (ed.)(2014), *Sex After Life: Essays on Extinction* Vol. 2. Ann Arbor, MI: Open Humanities Press, 158.

행위"다(2014: 154, 원본 강조). 여성-되기는 페미니즘이 필요로 하는 형상이다. 그것은 들뢰즈와 가타리가 단언한 "수없이 많은 작은 성들"thousand tiny sexes에 초점을 맞춘 탈젠더 정치를 향한 여성들을 위한 것이며 그들에 대한 것이기 때문이다(ATP: 235). 미래는 여성-되기, 특히 여자아이-되기의 형상에서, 그러한 형상들의 발생적 잠재성으로 인해 존속된다. 여성-되기의 페미니즘은 여성을 과거의 모델에 가두는 본질주의와 범주의 고정성을 무너뜨리는 것에 관한 것이다. 이 페미니즘은 젠더에 관한 이전 관념이나 목표 규정의 옥죔으로부터 우리를 해방시키고, 페미니즘이 낳을 수 있는 기대하지 못한 것들에 마음을 열도록 해준다.

다음 장에서 나는 정신분석학이 주장하는 결핍과 욕망의 상관성에 대한 들뢰즈와 가타리의 비판이 페미니즘에 지니는 잠재력을 검토하기 위해, 그들의 욕망 개념, 충만함으로서의 욕망 개념을 다루겠다. 욕망에 관한 그들의 작업은, 오이디푸스의 틀로부터 욕망을 해방시키면서 남성과 여성 같은 몰적 범주가 섹슈얼리티의 복합적 변주에 항복하는 인칭 이전의pre-personal 영역으로 우리를 안내할 것이다.

3장

욕망
Desire

욕망은 항상 우리에게 성, 젠더, 섹슈얼리티에 관해 말해 준다. 정신분석학은 욕망과 관련해 성차가 어떻게 나타나는지 설명하는 틀이기 때문에 특히 그러하다. 역사적으로 여성의 욕망은 결핍된 것을 얻는 것과 관련해 이해될 때 거대한 미스터리로 해석되었다. 여성들이 진정으로 원하는 것은 무엇인가? 여성의 욕망이 섹슈얼리티 측면에서 이해될 때, 그것은 상상할 수 없을 뿐 아니라[1] 골치 아프고 통제 불가능하고 위험한 것이 된다. 여성들이 무엇을 욕망하는지 끊임없이 질문받고 있다는 것을 알기 위해서는 주변의 여성 잡지를 보는 것으로 충분하다. 여성들이 어떻게 그들의 욕망을 실천하고 이해해야 하는지, 어떤 제품과 생활 방식을 소비해야 하는지가 여성 잡지의 조언과 교육 칼럼에서 분명히 드러난다. 동시에 이런 매체는 여성의 신체가 욕망의 대상으로 코드화되는 시각 문화에 기여한다. 들뢰즈와 가타리는 자본주의와 정신분열증에 대한 기획의 첫 번째 책인 《안티-오이디푸스》에서 욕망, 섹슈얼리티, 자본주의의 관계를 고찰한다. 들뢰즈의

---

[1]   이에 대한 전형적인 예는 빅토리아 여왕이, 섹슈얼리티는 여성(과 심지어 다른 남성)에 대한 남성의 욕망으로 이해되었기에 레즈비언의 존재를 믿지 않았다는 문화적 신화이다.

모든 저서 중에서 이 책은 역사적 출현의 순간을 반드시 맥락화할 필요가 있는 텍스트다. 1972년 프랑스에서 《안티-오이디푸스》의 출간은 출간 사흘 만에 매진된, 그야말로 출판 사건이었다. 정신분석학에 대한 비판적 개입인 이 책은 욕망의 공식으로서의 결핍, 그리고 핵가족 테두리 내 욕망의 가둠^{entrapment}을 해체한다. 정신분석학에 대한 들뢰즈와 가타리의 독설적 비판은 때때로 페미니즘적 정치 투쟁의 중요 장소인 젠더, 섹슈얼리티, 가족을 다시 상상하게 하는 데 상당한 잠재력을 지닌다. 이 장은 《안티-오이디푸스》의 맥락과 들뢰즈와 가타리에 의해 요약된 정신분석학에 대한 비판으로 시작하고자 한다. 그런 다음 그들의 욕망하는 기계 개념과 욕망하는 기계들이 에로티시즘에 새롭고 긍정적이며 비-정신분석학적 이해를 제공하는 영역으로 넘어가고자 한다.

정신분석학과 실험적 정신의학

욕망에 관한 들뢰즈와 가타리의 책 《안티-오이디푸스》는 특정한 사회적·역사적 맥락에서 나왔다. 저자들이 1968년 5월 혁명 이후에 처음 만났음에도 불구하고 이 책은 종종 1968년 책으로 묘사되었다. 그렇지만 우리는 또한 1960년대 내내 프랑스에서 싹트고 있던 좀 더 넓은 지적 흐름 안에 《안티-오이디푸스》를 둘 수 있다. 1968년 5월 학생과 노동자 봉기로 절정에 이르렀던 정치적 격동의 시기에 파리에서 일련의 중요한 텍스트들이 출판되었다. 이 책들은 이제 후기구조주의 사유의 정전canon을 이룬다고 여겨지는데, 여기에는 1966년에 출판된 푸코의 《말과 사물》(민음사, 2012), 1969년에 출판된 푸코의 《지식의 고고학》(민음사, 1992), 1967년에 나온 데리다의 《그라마톨로지》(민음사, 2010), 그리고 1968년과 1969년에 각각 출간된 들뢰즈 자신의 《차이와 반복》과 《의미의 논리》가 포함된다. 1968년 혁명은 낮은 임금에 대한 불만족, 실업률 증가, (과밀 수용과 시대착오적 규칙 같은) 대학의 조건 등 물질적 요인들에 기인한 것이라고 할 수 있지만, 오래된 위계 질서를 타도해야 한다는 긴요한 요구는 포스트구조주의 담론의 아나키즘적이고 유토피아적인 취지와 공명했다. 이는 1968년 5월 혁명이 포스트구조주의 사상가들에게 영감을 받았다고 말하는 것이 아니며, 그들의 책이 문화적 시대정신zeitgeist과 공명했다고 보는 것이 더 정확할 것이다. 사르트르와 같은 철학자들이 당시 학생들과의 연대에 중요한 역할을 했던 반면, 많은 핵심적 포스트구조주의 사상가들이 사건 현장에는 없었다는 사실을 인정하는 것도 중요하다. 폐결핵 재발로 건강이 매우 안 좋았던 들뢰즈는 박사 학위 논문을 마치고 리옹대학교에서 강의하고 있었다. 68혁명이 성공했는지 여부는, 들뢰즈와 가타리가 욕망을 혁명적 힘**이라고** 주장한 《안티-오이디푸스》에서 정치적 불안의 시기에 대해 성찰한 방식을 고찰하는 것만큼, 중요하지는 않다.

《안티-오이디푸스》 또한 더 넓은 역사적 상황에서 맥락화될 필요가 있다. 이언 뷰캐넌Ian Buchanan은 1968년을 베트남 전쟁이나 알제리 상황뿐만 아니라 5월의 사건들과 그 사건을 발생시킨 불안 등 일련의 이질적이고 분산된 역사적 비상사태들을 아우르는 것으로 이해할 때만 《안티-오이디푸스》를 1968년의 책 중 하나로 읽을 수 있다고 말한다. 들뢰즈와 가타리의 책을 이렇게 폭넓게 맥락화함으로써 우리는 이 책을 1968년 5월 파리에서 발생한 지역적 사건을 뛰어넘는 훨씬 더 복잡한 일련의 사건으로부터 전개되는 것으로 이해할 수 있다. 뷰캐넌은 또 들뢰즈와 가타리가 1968년 5월 혁명의 **저항자**soixante-buitard가 아니라 제2차 세계대전 및 그 여파로 정치의식이 형성된 기성세대였다는 점도 지적한다(2008: 8). 따라서 우리는 《안티-오이디푸스》가 그 시대의 책이었다고 말할 수 있지만 또한 '그 시대'에 대한 고려가 이 책을 복잡하고 논란 많은 지적·정치적 영역에 위치시킨다는 점을 인정해야 한다.

《안티-오이디푸스》를 프랑스 지성계 내 정신분석학의 지배와 들뢰즈와 가타리의 작업에서 이러한 이론적 틀이 가지는 위치와 관련해 이해하는 것 또한 중요하다. 정신분석학자 자크 라캉은 구조주의 언어학을 통한 프로이트 저서의 재해석으로 유명해진 프랑스 지성계의 주요 인물이다. 라캉은 1968-1969년 세미나에서 들뢰즈가 《차이와 반복》과 《의미의 논리》에서 정신분석학을 다뤘음을 인정했다(Dosse, 2011: 187). 그러나 이 두 학자는 경쟁적으로 같은 시간에 세미나 일정을 잡음으로써 학생들이 하나의 세미나만 선택할 수 있게 했다: 너희들은 동시에 들뢰즈주의자와 라캉주의자가 될 수 없다. 가타리가 라캉 및 정신분석학과 맺는 관계는 더 복잡하고 훨씬 더 개인적이었다. 1950년대에 가타리는 라캉의 신봉자였고 정신분석학자로서 훈련받았다. 그는 1969년부터 정신분석가로서 프로이트학파에 소속되어 있었고, 정기적으로 라캉과 분석을 수행했다. 라캉과 가타리의 관계는 《안티-오이디푸스》의 출판으로 훼손되었다. 라캉은 출판 전에 《안티-오이디푸스》를 보고 싶어했지만 두 저자는 거절했다(Guattari, 2006: 343). 이에 대한 라캉의 반응은 극단적이었다. 그는 프로이트학파의 회원들이 이 책을 읽거나 이에 대해 언급하는 것을 금지했다(Dosse, 2011: 209).

가타리는 《안티-오이디푸스》를 집필하기 전, 장 우리Jean Oury가 1953년 라 보르드La Borde에서 개원한 실험적 정신의학 병원에서 일하고 있었다. 라 보르드 병원은 정신질환이 사회적으로 구성될 뿐이며 또 '정상'과 '비정상' 행동을 구분 짓기 위해 활용된다고 주장하는 국제 운동인 반-정신의학의 원칙에 기반해 설립되었다. 더욱이 이 병원은 시설 차원의 심리치료에 전념했는데, 이는 특정 시설이 어떻게 기능하는지, 그것의 구성 요소들이 어떻게 연관

되는지, 무엇에 투자하는지, 어떻게 권력이 순환하는지, 개인에게
미치는 영향은 무엇인지를 조사하는 작업의 실천이었다. 이러한
분석의 요점은 시설이 작동할 수 있는 새로운 방식을 찾는 것이
다. 사실상 이는 시설 자체를 치료가 필요한 환자로 취급하는 것
이다. 당시 프랑스에서는 정신병원 대부분을 국가가 운영했기 때
문에 개인병원을 설립하는 것은 국가와 국가 시설에 대한 정치적
저항 행위로도 이해될 수 있었다. 라 보르드 정신병원은 정신질환
자로 지정된 자들을 '정상적' 사람들로부터 격리하는 국가의 관행
과는 달리 포용적이고 참여적이었다. 반-정신의학 운동은 정신질
환자로 지정된 사람들이 종종 극히 창의적이라는 것, 또 그들의
치료가 이러한 창의력을 제한하거나 소멸시켜서는 안 된다는 생
각을 발전시켰다. 라 보르드 병원은 전통적 시설의 위계를 타파하
기 위해 설계되었다. 이를 위해 급여를 근본적으로 재고하고 업무
를 다시 상상했다. 즉 모든 사람(의사, 환자, 관리직원, 학자)이 요리와
청소를 포함한 일상적 병원 운영에 참여했으며 환자 자신을 포함
해 모든 사람이 환자를 치료하는 데 관여했다.[2]

　　가타리는 1955년 라 보르드 병원에 근무하기 시작하면서 병
원에 깊이 관여했다. 그는 정치적 투사로서의 경험과 사람들을 동

2　　제도적 정신치료와 이것이 《안티-오이디푸스》에 미친 영향에 관한 자세한
　　　논의는 부르그(Bourg, 2007)를, 라 보르드 병원의 일상에 관한 설명은 도스
　　　(Dosse, 2011)를 참조하라.

원할 수 있는 능력으로 인해 고용되었다. 처음에 그의 일은 활동
을 조직하는 것이었지만, 후에 그는 병원 재정을 관리하고 환자
치료에 참여하는 등의 다른 역할들을 맡았다(Dosse, 2011: 58). 비
록 《안티-오이디푸스》를 집필하던 시기의 가타리는 제도적 심리
치료와 정신분석학에 환멸을 느꼈지만 라 보르드 병원에 계속 관
여했고, 그렇기에 라 보르드 병원에서의 그의 경험이 들뢰즈와의
협력 프로젝트에 미친 영향은 과소평가될 수 없다. 프랑수아 도스
François Dosse는 들뢰즈와 가타리의 삶에 대한 매혹적인 역사적 설명
에서 《안티-오이디푸스》의 놀라운 점은 정신분석학에 대한 상당
한 도전에도 불구하고, 그리고 저자 중 한 명이 실험적 정신의학
에 참여했음에도 불구하고, 이 책이 정신의학이나 정신분석학 어
느 쪽에도 거의 영향을 미치지 않았고, 또 라 보르드 병원에서도
거의 논의되지 않은 점이라고 썼다(2011: 215).

　　욕망은 라 보르드 병원에서 중심적인 위치를 차지했다. 왜냐
하면 반-정신의학 운동은 사회적 제약으로부터 욕망을 해방하는
데 전념했기 때문이다. 라 보르드 병원은 좌파와 사회적으로 진보
적인 지식인들을 끌어들였고 사회적 관습, 특히 섹슈얼리티 및 가
족과 관련된 관습에 도전하고 재상상하는 장소가 되었다. 라 보르
드 병원의 유토피아적 열망은 완전히 성공하지 못했다. 비위계적
이고 참여적인 업무 배분은 예측 가능한 비효율성으로 이어졌으
며 또한 욕망의 해방도 문제적인 것으로 판명되었다. 줄리앙 부르

그 Julian Bourg는 1968년 5월 혁명과 프랑스 사상에서 5월 혁명의 위치에 대한 역사에서 제어되지 않은 욕망의 한계를 성찰하기 위해 장 우리가 들려준 이야기를 활용한다. 1984년 인터뷰에서 장 우리는 가타리가 라 보르드 병원을 떠날 때 영국의 반-정신의학 운동 지도자 중 한 명인 데이비드 쿠퍼 David Cooper를 초청해 스태프들과 환자들을 대상으로 강연했던 때를 묘사한다. 쿠퍼는 모든 사람이 약물 복용을 중단하고 성관계를 가져야 한다고 제안했다. 이는 실행되었으나 뜻밖의 일이 벌어졌다. 환자 중 한 명이 사망한 것이다(2007: 174). 이는 비록 극단적 사례이긴 하지만, 욕망의 해방이 명백히 좋은 것인가의 여부에 관해 성찰할 기회를 우리에게 제공한다. 또 자유연애를 둘러싼 일부 반-문화적 관행이 어떻게 남성과 여성에게 다르게 경험되는지 고려하는 것 역시 가치 있는 일이다. 가부장제는 여전히 종종 이러한 사회적 관행에서 작동하며, 때때로 욕망의 해방은 여성의 신체에 대한 더 많은 접근을 위한 핑계로 번역된다.

《안티-오이디푸스》는 이러한 맥락에서 발아되었지만, 이 책의 주장은 욕망을 결핍, 부재, 욕구 등을 통해 상상하는 정신분석학 내 욕망의 위치에 대한 반응으로서 등장한다. 이는 플라톤과 헤겔 같은 사상가의 작업과 사상사 전반을 통틀어 욕망이 개념화되는 방식과 일치한다. 프로이트의 작업에서 욕망은 먼저 가족 내부에 위치하며 그것이 가족 외부로 향하게 되는 과정은 아마도 대중적으로 가장 잘 알려진 프로이트의 개념인 오이디푸스 콤플렉스를 통해 설명된다. 프로이트는 소포클레스의 희곡 《오이디푸스 왕》*Oedipus Rex*의 이름을 딴 오이디푸스 콤플렉스를 아동이 사회화된 존재가 되면서 겪는 성심리적 발달을 설명하기 위해 사용한다. 이는 아이가 적절하게 (남성으로 또는 여성으로) 젠더화되어 결국 생식력 있는 이성애에 관여할 수 있도록 한다. 오이디푸스 콤플렉스는 남아와 여아에게 같은 방식으로 시작된다. 둘 다 어머니를 주요 사랑의 대상으로 삼는 것이다. 프로이트에게 남아와 여아 간 중요한 차이점은 그들이 서로의 신체 구조에 어떻게 반응하는가다. 남아는 여아에게 음경penis이 없다는 사실을 알았을 때 여아가 처벌로 거세되었다고 이해하고 이를 결핍으로 해석한다. 만약 여아가 정상적으로 발달한다면 그녀는 이것을 결핍으로 이해할 것이다. 결국 음경은 확실히 우월한 성 기관이 된다.

프로이트가 묘사하는 거세 콤플렉스는, 처음에 리비도적 욕망(이는 나중에 무의식적으로 억압될 것이다)을 어머니에게로 돌리던 소년이 아버지를 경쟁자로 이해하게 되고, 또 아버지가 자신을 거세할 것이라는 두려움(이 두려움은 그의 초자아 또는 양심으로 작동하는 마음의 일부가 된다)을 키우게 되는 과정이다. 그가 자신의 욕망을 다른 여성에게 이전하고 아버지와 가부장적 권력을 동일시하기 시작하는 것은 바로 이런 두려움 때문이다. 여아 또한 욕망의 대상을 어머니에게서 이전해야 한다. 이는 여아 역시 자신의 결핍

을 거세와 처벌로 이해하기 때문에 발생한다. 그 결과 여아는 일
반적으로 여성, 특히 어머니를 경멸하게 된다. 그런 다음 여아는
자신의 욕망을 아버지에게, 나중에는 가족 이외의 남성에게로 이
전한다(Freud, 2001). 놀랄 것도 없이 이 심리성적 발달모델은 많
은 페미니스트로부터 신랄한 비판을 받았다.[3] 여성의 신체구조를
존재가 아니라 부재라는 관점에서 읽는 것은 노골적으로 성차별
적이며, 욕망의 유일한 '정상적' 대상이 반대 성의 구성원이라는
가정은 근본적으로 이성애주의적이다. 그러나 비록 프로이트의
개념이 문제가 많긴 하지만 성을 이해하는 데 중요한 역할을 했
다는 사실을 간과할 수 없다. 프로이트의 성적 발달모델은 실제로
성차를 인정하고 있다. 이것은 그가 특정 성을 체화하는 것이 정
신 발달에 근본적인 영향을 미친다고 믿었음을 의미한다. 따라서
프로이트는 계몽주의적 남성의 하나의 성$^{one-sex}$ 모델에 동의하기
보다 남성과 여성은 근본적으로 다르다고 믿었다. 더욱이《성욕
에 관한 세 편의 에세이》(열린책들, 2020)에서 볼 수 있듯이 프로이
트는 여성의 성적 욕망과 그들의 쾌락 능력을 믿었다.

　　라캉(1977)은 아이가 어떻게 자아나 주체성을 발달시키고 (라

3　　정신분석학에 관한 페미니즘 비평은 다양하다. 이리가레, 식수와 크리스테
　　바 등 프랑스 페미니스트들은 종종 정신분석학적 틀 안에서 작업하지만, 이
　　틀 내에서 여성에게 좀 더 긍정적인 위치를 부여하는 데 관심을 둔다. 페미
　　니즘과 관련한 정신분석학에 대한 프랑스의 대안적 비평으로는 드 보부아
　　르의《제2의 성》2장 "정신분석의 관점"을 참조하라(2011).

캉은 이것이 환상일 뿐이라고 주장하지만) 상징적 질서 또는 언어의 영역으로 들어가는지를 고려하기 위해 오이디푸스 콤플렉스를 재해석한다. 이는 그가 권력을 남성의 신체구조(음경)에 부착시키는 것이 아니라 가부장제 내 권력의 상징 표식으로서 남근phallus을 지정하는 것을 통해 알 수 있다. 유아기의 아이는 자신을 주변과 구별되는 독립체로 이해하지 못하고 세상을 부족함 없는 충만함으로 경험한다. 이 발달 단계는 유아가 특정 대상에 의해 충족될 수 있는 욕구를 갖는 단계다. 예를 들어, 영양의 필요성은 엄마의 젖으로 충족될 수 있다. 아이는 엄마로부터 분리된 자아감을 발달시킴에 따라 또한 깊고 해결할 수 없는 상실감을 경험하게 된다. 아이는 특정한 대상 그리고 그의 관심(과 사랑)에 대해 언어적 요구demand를 하기 시작할 것이다. 요구는 특정 대상뿐 아니라 늘 타자를 향한 것이기에 결코 충족될 수 없다. 라캉에게 욕망이란 무엇인가 결핍돼 있다는 감각, 즉 만족될 수 없는 결핍감이다. 이런 결핍은 언어의 구조화 원리가 되며, 라캉에게 거세 위협은 현실적이고 육화된 아버지로부터 오는 것이 아니라 이 상징적 영역에 존재한다. 남성적 힘(아버지의 이름)이 지배하는 상징적 질서에 대한 접근은 이러한 결핍을 보상한다.

　　《안티-오이디푸스》는 자본주의가 욕망의 봉쇄confinement에 기여하는 방식을 비판하기 위해 마르크스주의와 정신분석학을 결합시킨다. 들뢰즈와 가타리는 욕망의 정신분석학적 모델과 욕망

을 결핍으로 코드화하는 것을 거부한다. 왜냐하면 욕망의 정신분
석학적 모델은 욕망을 생산보다는 획득acquisition으로 틀 지우기 때
문이다(A-O: 25). 그들은 또 욕망에 대한 오이디푸스적 틀을 거부
하는데, 이는 욕망을 이성애 커플과 핵가족 안에 가두기 때문이다
(A-O: 51). 핵가족은 특정한 문화적 환경 내에 위치한 특정한 역사
적 형성체로서, 정신분석학에서 이는 역사화되지 않고 대신 아동
의 심리성적 발달에서 중추적 역할을 부여받음으로써 보편화된
다. 부르주아 핵가족(정신분석학이 모델로 삼는 가족 유형)은 자본주
의의 역사적 출현과 관련이 있다.[4] 마르크스에 이어 들뢰즈와 가
타리는 가정이 노동과 상품 생산의 장소로부터 산업자본주의에
서 흔한, 일터와 분리된 사적 공간이라는 상황으로 바뀌었음을 인
정한다(A-O: 225-227). 이것은 일과 가정, 공적 영역과 사적 영역,
생산과 재생산을 포함해 서구 현대 생활에 대한 이해에 핵심적인
일련의 이분법을 영속화시킨다. 우리는 이러한 분리가 전통적으
로 젠더화되어 왔다는 것, 사적 영역은 여성적이고 가정적인 일로
코드화되고, 특히 자녀 양육이 사적인 것으로 여겨졌음을 기억해
야 한다. 후기자본주의에서 핵가족은 재화와 용역의 소비처가 되
고, '아빠'와 '엄마'는 아이를 자본주의에 온전히 참여할 수 있는 미
래의 노동자로 양육한다. 욕망의 움직임은 이 체계 내에서 두 가

---

[4]   가족과 관련한 들뢰즈와 가타리 작업의 확장된 논의를 위해서는 로리와 스
         타크(Laurie and Stark, 2012)를 참조하라.

지 방식으로 축소된다. 그것은 엄마-아빠-나(오이디푸스)의 삼각형 배치에 에워싸이며, 자본주의 자체는 특정한 노동과 소비 패턴에 사람들을 가두는 것으로 여겨지기보다 사람들이 실제로 욕망하는 것이 된다.[5] 이처럼 들뢰즈와 가타리는 정신분석학에 대해 욕망을 가족 안으로 제한시키는 자본주의를 강화하는 담론으로 자리매김한다.

그러나 들뢰즈와 가타리가 가족을 단순하거나 폐쇄적인 것으로 보는 것은 아니다. 대신 가족은 '이심체'eccentric(A-O: 97)로서,[6] 광범위한 친척과 비-친척으로부터 지속적인 파열과 침입을 받고 그렇게 틈새와 단절로 가득 차 있다(A-O: 97). 이것은 그들이 반-가족적임을 의미하지 않는다. 사실 그들은 자신들이 가족 내에 존재하는 사랑-애착이나 돌봄이란 중요한 구조를 부정하는 것이 아니라고 구체적으로 진술한다(A-O: 47). 우리는 들뢰즈의 "신랄한 비평가에게 보내는 편지"Letter to A Harsh Critic에서 《안티-오이디푸스》에 대한 이러한 일반적인 오독의 증거를 볼 수 있다. 이 편지는 미셸 크레솔Michel Cressole의 비난에 대한 답변이다. 그에게도 오이디푸스적 양육기반이라 할 규범적 가족이 있지 않냐는 크레솔의 비난

---

5   들뢰즈와 가타리는 빌헬름 라이히(Wilhelm Reich)와 관련해 실제 우리를 억압하는 것들에 대한 욕망을 언급한다(A-O: 29).

6   [옮긴이] 'eccentric'은 이상하다는 뜻임과 동시에 중심(centric)에서 벗어나 있다는 뜻을 지닌다. 《안티-오이디푸스》의 역자 김재인은 "가족은 그 본성상 중심을 떠나 있고(eccentric), 중심을 잃고 있다(decentered)"로 옮긴다 (2014, 116).

에 대한 대답으로, 들뢰즈는 비-규범적 구조가 이러한 정신분석학적 구조로부터의 탈출을 보장하는 것은 아님을 시사한다.

들뢰즈와 가타리는 정신분석학 내에서 무의식이 기능하는 방식에 대해 특히 비판적이다. 그들은 무의식이 존재한다는 프로이트의 의견에 동의한다. 그러나 무의식 속으로 흘러 들어가 파열하고 형성하는 것은 의식적인 정신이며 그 반대가 아니라고 주장한다는 점에서 프로이트 그리고 라캉과 다르다. 들뢰즈와 가타리는 숨겨진 욕망들의 저장소로서 무의식이라는 정신분석학적 모델에 도전하며, 이런 방식으로 깊이를 특권화하는 주체성의 모델에도 대항한다. 그들은 오이디푸스에 대해 길게 비난하면서 푸코의 억압 가설과 유사하게, 오이디푸스 콤플렉스가 그것이 금지하려는 욕망을 실제로 끼워 넣는다고 주장한다(A-O: 79). 그들은 쓴다. "법이 우리에게 말한다, 너는 네 어머니와 결혼하지 않을 것이며 네 아버지를 죽이지 않을 것이라고. 우리 유순한 주체들은 스스로에게 말한다. 맞아 **그게** 바로 내가 원했던 거야!"(A-O: 114, 원문 강조). 오이디푸스가 무의식에 투사될 때, 그것은 "끝없는 연결connections, 비-배타적 이접disjunctions, 비-구체적 연접conjunctions, 부분 대상과 흐름"이 모든 것을 가능하게 하는 자유로운 종합syntheses의 영역을 희생시킨다(A-O: 54). 그들은 이러한 자유로운 종합(A-O: 54)과 리비도의 형태로 욕망의 본질을 발견한 최초의 사람으로 프로이트를 인정한다(A-O: 270).

이 발견에 대한 들뢰즈와 가타리의 인정은 그들이 정신분석
학을 비판할 때 이 지적 전통에 대한 전면적 거부를 옹호하는 것
은 아님을 상기시킨다. 그들은 단지 정신분석학이 "야생적 생산"
과 "폭발적 욕망"(A-O: 54)에서 물러나면서 오이디푸스와 함께 방
향을 잘못 잡았다고 느꼈고, 이것이 《안티-오이디푸스》가 바로잡
으려는 것이다. 또 들뢰즈와 가타리는 오이디푸스가 존재하지 않
는다고 말하는 것이 아니라 오이디푸스가 무의식의 실체가 아니
며, 단지 정신분석학에 의해 무의식에 덧씌워져 있을 뿐임을 말하
고 있다. 들뢰즈와 가타리에게 무의식은 오이디푸스의 드라마가
펼쳐지는 극장으로 상상되어서는 안 되며 오히려 공장으로 보아
야만 하는 것이다(A-O: 55). 공장의 이미지는 무의식이 근본적으
로 생산적임을 상기시킨다. 들뢰즈는 (파르네와 함께) "우리는 이런
저런 방법을 통해 무의식을 축소하는 것을 원하지 않는다. 우리는
무의식을 생산하고자 한다. 이미 그곳에 존재하는 무의식은 없다.
무의식은 정치적으로, 사회적으로, 역사적으로 생산되어야 한다"
고 주장한다(D: 274).

욕망하는 기계들

《안티-오이디푸스》에서 들뢰즈와 가타리는 욕망의 긍정적

afffirmative·실증적positive·생산적productive 모델을 발전시킨다. 그들에게 욕망은 결핍이나 필요에 종속되지 않고 그 자체로 존재한다. 그들의 구도schema 내에서 욕망은 "사람이나 사물이 아니라 그것이 가로지르는 전체 환경을 대상으로" 하기에(A-O: 292) 욕망이 결핍되는 것은 불가능할 것이다. 욕망은 대상을 향한 것이 아니므로 구체적 대상이 부재할 경우 등록되지 않으며, 또한 대상의 획득을 통해서는 만족될 수 없다. 그러한 결핍은 일차적일 수 없다. 대신 결핍은 정신분석학과 자본주의에 의해 욕망 위에 덧코드화overcoded된다. 들뢰즈와 가타리는 욕망이 도처에 있으며 사물들을 배치할 때 연결connection을 통해 우리에게 가시화된다고 주장한다.

들뢰즈와 가타리에게 욕망은 성적 욕망에 국한되지 않는다. 섹슈얼리티는 욕망이 흐르는 영역 중 하나일 뿐이다. 그들은 섹슈얼리티와 사랑이 오이디푸스의 침실에만 있는 것이 아니라 "대신 넓게 열린 공간을 꿈꾼다"(A-O: 116)는 것을 상기시킨다. 들뢰즈와 가타리에게 욕망은 쾌락과 충족에 관한 것이 아니다. 들뢰즈는 이것을 푸코의 입장과 명시적으로 대조시킨다. 들뢰즈에 의하면, 푸코는 욕망이 결핍으로 가득 차 있다고 느꼈기 때문에 욕망이라는 용어를 싫어했다(TRM: 130). 푸코에게는 쾌락과 권력의 배치가 욕망보다 훨씬 더 중요하다. 들뢰즈와 가타리는 욕망을 쾌락에 연결시키는 것에 저항한다. 왜냐하면 그들의 욕망은 욕망의 내재성immanence을 파열하는 삽입이나 오르가슴과 같은 구체적인 충만감을 향해 있지 않기 때문이다. 푸코에게 욕망은 결핍과 억압에 관한 것이지만, 들뢰즈와 가타리에게 욕망은 "구조나 기원이라기보다는 과정이다. 그것은 느낌과 대조되는 정동affect이다"(TRM: 130).

정신분석학에 대한 들뢰즈와 가타리의 비판은 부분적으로 그것이 사회적·역사적 요인을 충분히 설명하지 못한다는 것이다. 그들에게 욕망은 프로이트처럼 가족적인 것이 아니라 사회적·경제적 시스템인 자본주의의 산물이다. 들뢰즈와 가타리는 정신분석학적 틀—여기에서 욕망은 항상 다른 무엇을 통해 매개된다—에 의해 욕망 위에 덧코드화된 상징을 통해 욕망을 해석하기보다(따뜻함에 대한 욕망은 **실제로는** 어머니에 대한 욕망) 욕망이 직접 사회의 장으로 들어간다고 말한다. 욕망은 직장, 정치, 종교, 가족과 같은 다양한 집단적 장소들에 투자된다. 욕망은 사회적이기 때문에 주체의 내면성interiority에서 나올 수 없다. 우리의 욕망은 우리가 드러내길 기다리는 무의식에 상주하는 것이 아니며, 오히려 욕망은 어디에나 있는 비인간적이고 전-인칭적인pre-personal 힘이다.

들뢰즈와 가타리는 욕망을 설명하기 위해 정신분열증의 해리적dissociative 측면을 이용하는데, 정신분열증의 정신착란delirium이 야말로 욕망이 실제로 작동하는 방식을 드러낸다고 생각하기 때문이다. 이것은 그들이 정신분열증을 가치 있게 여겼다거나 이 질병을 그들의 개념어로 순진하게 끌어들였다는 의미가 아니다. 가타리는 라 보르드 병원에서 일하면서 분명히 다양한 정신질환과 조건에 대해 의미 있는 경험을 했다. 들뢰즈와 가타리는 질병인 정신분열증을 낭만화하지 않으며, 대신 자본주의의 정신분열증적 측면에 관심을 가진다. 이런 방식으로 그들은 정신분열증을 정신 질환이라기보다 사회·역사적 맥락에서 나타나는 과정으로 다룬 다. 정신분열증에 대한 들뢰즈와 가타리의 예가 주로 문학과 예술에서 가져온 것이라는 점은 주목할 만하다. 문학과 예술에서 글이 나 다른 표현 수단들은 단어와 관념의 분열적 흐름을 해방시킬 수 있기 때문이다. 자본주의는 다른 모든 의미 체계보다 시장가치를 높이 평가하기 때문에 정신분열증을 낳는다. 자본주의에서 상품 교환은 고유하거나 안정적인 가치를 전제로 이루어지는 것이 아 니라 그 안에서 교환가치가 오르내리는 체계다. 자본주의는 그 자 체로 화폐, 노동자, 재화의 흐름이며, 탈코드화하고 탈영토화하는 작용을 하기에 욕망을 해방할 수 있다. 욕망의 생산적 본성에 대 한 들뢰즈와 가타리의 주장은 자본주의에 대한 그들의 비판과 결 부되어 있다. 그들은 생산이 곧 소비고 또 재생산이기 때문에 생 산, 유통, 소비의 측면에서 생각하는 것은 허위의식이라고 주장한 다. 들뢰즈와 가타리에게는 단지 생산과 재생산만이 존재한다. 욕 망이 생산하는 것은 실재적이다real. "욕망이 생산적이라면 현실 세 계에서만 생산적일 수 있고 현실만 생산할 수 있다"(A-O: 26).

들뢰즈와 가타리에게 욕망은 결핍된 것의 획득에 관한 것이 아니다. 왜냐하면 욕망은 이질적인disparate 것들을 모으는 능동적이고 무정부적이며 예측할 수 없는 힘이기 때문이다. 조직체에 균열이 나타날 때마다 욕망이 분명해진다. 욕망은 정신분열적 흐름으로 사물들을 해체하는데, 이것이 바로 욕망이 오이디푸스 삼각형 내로 봉쇄될 수 없었던 이유다. 욕망은 근본적으로 잉여적이고, 그것의 점성^{viscosity}으로 인해 항상 정해진 패턴에서 벗어날 방법을 찾을 것이다. 이런 이유로 들뢰즈와 가타리는 욕망이 기존의 사회 조직을 소멸시킬 가능성이 있다고 주장하는데, 이는 욕망이 비사회적이거나 심지어 반사회적이기 때문이 아니라 새로운 배치들이 일어날 수 있도록 사회적으로 코드화된 흐름을 방해하기 때문이다(A-O: 116). 이 점이 바로 욕망이 생산적인 이유다. 욕망은 신체와 신체 사이 그리고 신체 내부 안에 연결을 생산하고 따라서 현실적 세계를 생산한다. 들뢰즈와 가타리는 욕망을 근본적으로 혁명적인 것으로 묘사하고 다음과 같이 기술한다. "어떤 사회도 착취, 예속, 위계질서의 구조가 양보되지 않는다면, 진정한 욕망의 자리를 용인할 수 없다"(A-O: 116).

욕망은 안정성보다는 항상적 흐름을 창출하는, 증식하는 연결들^{proliferating connections}을 생산한다. 욕망의 연결능력은 욕망의 본질적으로 집단적인 성격을 증명하는데, 왜냐하면 욕망의 배치에는 적어도 두 부분이 필요하기 때문이다. 들뢰즈와 가타리는 욕망이 만들어내는 이러한 진동하는 결합들을 《안티-오이디푸스》에서는 "욕망하는 기계"^{desiring-machines}로, 《천 개의 고원》에서는 "배치"assemblages로 부른다. 욕망은 잡히지 않기에 그것이 낳는 결합을 통해서만 욕망의 작용을 '볼' 수 있다. 욕망하는 기계의 형상은 기관 없는 신체와 마찬가지로 이전의 의미나 코드에 종속되지 않고 또 이전의 불변하는 행동 패턴을 넘어 움직일 수 있기에 무한한 연결의 잠재성을 제공한다. 이렇게 잠재적으로 무한하고 서로 다른 부분과 조각 들은 끝없는 집합체aggregates로 연결될 수 있다. 들뢰즈와 가타리는 욕망하는 기계 자체는 아무것도 의미하지 않고 또 기표화하지 않기 때문에 해석될 수 없다고 주장한다. 대신 욕망하는 기계는 "정확히 누군가 기계로 만들어내는 것, 그 기계로 만들어지는 것, 기계 스스로 만드는 것"이다(A-O: 288). 만일 욕망을 무언가가 결핍되어 있다는 증거라기보다 하나의 현실화actualization로, 무언가를 **만들고 행하는** 힘으로 볼 수 있다면 욕망은 되기(생성)를 발생시키는 힘으로 나타난다.

들뢰즈와 가타리가 욕망하는 기계에 대해 이야기할 때 그들은 은유적이지 않다. 들뢰즈와 가타리는 욕망의 연결을 기계에 유비적으로 비교하는 것이 아니라 욕망의 연결이 보통의 기계와 정확히 같은 방식으로 작동한다고 주장한다. 그들은 기계를 단절breaks 또는 파열disruptions의 시스템으로 정의한다(A-O: 36). 욕망은 사물을 연결하지만, 그 과정에서 또한 사물들을 '절단해' 흐름으로 만든다. 들뢰즈와 가타리의 예로는 젖의 흐름을 차단하는 유방과 연결된 입이 있다(A-O: 36). 여기서 처음의 흐름은 이 새로운 연결로 인해 중단되고 분기된divergent 흐름으로 길을 낸다. 이러한 기계의 이미지는 끊임없는 움직임과 생산을 불러일으키며, 이것이 바로 무의식이 공장이라고 그들이 주장하는 이유다.

　욕망하는 기계는 내부/외부, 자아/타자, 기계론/생기론, 인간/자연 사이의 일반적인 구별을 무너뜨린다. 이런 이분법은 양쪽이 똑같은 생산 과정에 관여하고 있기에 더 이상 유지될 수 없다. 욕망하는 기계들은 '인간' 같은 범주를 존중하지 않는다. 대신 욕망하는 기계들은 부분들과 조각들의 무작위 모음을 변형적 집합체로 만든다. 그들은 이렇게 서술한다. "마법의 사슬은 식물의 생명, 장기의 부분, 옷 조각, 아빠의 이미지, 공식들과 단어들을 한데 모은다. 우리는 그것이 무엇을 의미하는지 묻지 않고, 대신 어떤 종류의 기계가 이런 방식으로 배치되는지, 어떤 종류의 흐름과 그 흐름의 단절이 다른 단절 및 다른 흐름과 관련되어 있는지를 물을 것이다"(A-O: 181). 더욱이 욕망하는 기계는 새로운 주체 모델을 제시하지 않고 오히려 주체를 분석의 중심에서 빼낸다. 들뢰즈와 가타리는 기계가 사물의 중심에 있기에 주체는 주변적이라고 주장한다(A-O: 20). 욕망하는 기계는 주체의 형성 이전에 존재한다(주체는 욕망하는 기계의 효과로 나타날 수 있지만, 기계의 형성에 필요하지는 않다). 중요한 것은 욕망이 만들어내는 경로들, 그것의 탈주선들이다. 들뢰즈와 가타리는 지도 제작cartographic의 사유자다. 전사하지tracings 말고 지도maps를 만들라는《천 개의 고원》에서 명령은 이미 있는 것을 복제하지 말고 끊임없이 새로운 것을 향해 다가가라는 것을 상기시킨다(ATP: 13). 욕망하는 기계들은 영혼과 내면성에서 표면surface과 강도intensity의 놀이로 초점을 옮긴다. 욕망은 인간 행위자의 관여 여부와 상관없이 생산적이다.

들뢰즈와 가타리는 《안티-오이디푸스》의 마지막 부분에서 정신분석psychoanalysis 대신 분열분석schizoanalysis을 제안한다. 그들은 이것을 유물론적 정신의학으로 설명하며 분열분석 프로그램에서 프로이트와 마르크스의 중요성을 상기시킨다. 분열분석의 첫 번째 과제는 파괴적이다. 즉 오이디푸스를 파괴하는 것이다. 욕망의 실제 작용이 드러날 수 있도록 오이디푸스의 파괴가 요구된다. 오이디푸스 콤플렉스가 작동할 때, 그것은 욕망을 어떤 배열configuration로 흘러가게 할 뿐 아니라 결국 욕망하는 생산을 억압한다. 들뢰즈와 가타리는 욕망이 고유하게 분자적molecular이지만 오이디푸스 콤플렉스는 욕망을 몰적molar 형태로 가둔다고 믿는다. 분열분석의 실증적인 (또 실천적인) 과제는, 분자적 욕망이 오이디푸스적 욕망의 기존 패턴에서 해방된 후 어떻게 욕망하는 기계들을 구성하는지를 발견하는 것이다. 들뢰즈와 가타리에 의하면 분열분석의 질문들은 "무엇이 당신 자신의 욕망하는 기계들을 움직이는가? 욕망하는 기계들의 기능은 무엇인가? 그들이 들어가서 작용하는 종합은 무엇인가? 분자적인 것에서 몰적인 것으로, 또 그 반대로 확장되는 모든 전이transitions에서, 또 무의식이 주체

로 남으면서 스스로 생산하고 재생산함으로써 순환을 구성하는
모든 전이에서 욕망하는 기계들을 어떻게 사용할 것인가?"(A-O:
290–291)이다. 이는 자아를 해체하고 동일성/정체성의 개념을 넘
어서는 것과 관계된다. 분열분석은 무의식 속에 잠복된 의미를 발
견하지 않는다. 우리가 이미 보았듯이 무의식은 내면적 의미로 가
득 차 있지 않다(A-O: 180). 욕망하는 기계들은 잠복기와 깊이의
모델로부터, 또 오이디푸스의 "작고 더러운" 비밀로부터 우리를
멀리 데려간다.

에로티시즘

욕망이 전통적으로 어떻게 상상되어 왔는지에 대한 들뢰즈
와 가타리의 비판은 페미니즘 이론에서 중요하다. 에로티시즘과
섹슈얼리티에 대한 새로운 사유 방식을 열어주기 때문이다. 여성
은 전통적으로 욕망의 주체가 아니라 대상으로 코드화되었다. 더
욱이 성과 쾌락의 개념화는 역사적으로 남근중심적이었다. 《안
티-오이디푸스》는 에로티시즘과 관련해 페미니즘에 활용하기에
적절한 책이다. 프리다 베크만Frida Beckman이 제안하는 것처럼 이 책
은 "성에 관한 모든 것"(2011: 8)을 다루었기 때문이다. 《안티-오이
디푸스》에서 들뢰즈와 가타리는 마르크스를 따라, 그들의 용어를

사용하자면 인간 섹슈얼리티 내에 작동하는 "비인간적 성"(A-O: 294)을 개진한다. 여기서 그들은 인간의 성—사회적 장에서 무의식적 투자, 특히 특정 시기에 경제 및 권력의 작동(가부장제 또는 이성애 규범 같은 이데올로기)에 얽힌—과 인간의 차원 아래에서 발생하는 분자적 섹슈얼리티를 대비시킨다. 이런 식으로 인간의 성조차 비인간적인 것에 열리고 에로티시즘은 인격화에서 해방될 수 있다. 욕망은 그 자체로 분자적이며 미시적 과정을 통해 작동한다. 부분과 조각(손, 넓적다리, 천, 가벼운 산들바람, 한낮의 햇빛, 덧없는 추억)으로부터 욕망 기계들을 배치[조립]할 때, 욕망은 남성과 여성이라는 거대한 집합체들과 아무 관련 없는 합성체들compositions과 늘 관련된다. 들뢰즈와 가타리는 프로이트가 단성 모델에 다다랐다고 생각했기에 그가 남성적 섹슈얼리티에 초점을 맞추는 것에 비판적이다. 프로이트에게 남성성과 여성성은 모두 여성이 거세를 통해 체현하는 결핍과 관련해 정의되며, 이는 사실상 여성적인 것을 부재로 만든다(A-O: 295). 들뢰즈와 가타리는 이 모델을 양성 체계로 확장하는 것만으로는 충분하지 않다고 주장하는데, 왜냐하면 욕망하는 기계들은 양성 체계가 요구하는 몰적 정체성 범주들에 주의를 기울이지 않는 집합체에서 부분들과 조각들을 모으기 때문이다. 대신 욕망하는 기계는 훨씬 더 낯선, 인격화되지 않은 혼인이 일어나는 "미시적 횡단–섹슈얼리티"microscopic transsexulity[7](A-O: 295)를 실행한다. 그들은 "사랑을 한다는 것은 하나가 되거나 심지어 둘이 되는 게 아니라 수백 수천이 되는 것이다. 욕망하는 기계 혹은 비인간적 성. 하나 혹은 심지어 두 개의 성이 아니라 n개의 성"(A-O: 296). 여기에서 그들은 프로이트의 단성 체계뿐만 아니라 남성/여성의 이분법적 성 개념을 거부하면서 수량화할 수 없는 수의 성을 모색한다.

들뢰즈와 가타리가 섹슈얼리티가 어디에나 있다고 말할 때 이는 문자 그대로 어디에나 있다는 것을 의미한다(A-O: 293). 욕망하는 기계에 연료를 공급하면서 사물을 모으는 것은 성적 에너지다(A-O: 291). 이런 이유로 그들은 들뢰즈와 가타리에 따르면, 욕망하는 기계가 하나이며 동일하다고 말한다(A-O: 294). 그들에게 리비도는 순수한 상태에 있을 때 자유롭게 흐른다. 그러나 그들은 또한 우리가 경험하는 욕망이 자본주의 같은 사회적·경제적·정치적 힘들에 의해 길을 내왔기에[challelled] 사회적이라고 말한다. 욕망이 억제되고 갇혀 있기에, 리비도가 사람, 부부, 가족, 특정 사물들 등 우리에게 친숙한 단위를 통해 자신을 드러내는 것이다(A-O: 293). 우리는 우리가 우리 욕망의 종착지로 특정 대상이나 사람을 자유롭게 선택한다고 느낄 수 있지만, 사실 이것도 사회적·

---

7   [옮긴이] 신유물론적 퀴어 연구에서 횡단-섹슈얼리티(transsexuality) 개념은 "체현된 자기, 그 세계와 타자들 사이의 경계를 붕괴시키는 기예(poiesis)"라고 설명된다[Palmer, Helen(2020), *Queer Defamiliarisation: Writing, Mattering, Making Strange*, Edinburgh University Press, 128].

역사적·생물학적 영역에서 발생하는 것이다(A-O: 293). 여기서 사람, 부부, 가족 또는 대상은 욕망의 종착지, 적절한 종착지라기보다 욕망이 통과하는 지점이다. 들뢰즈와 가타리는 사랑에 관해 쓸 때조차 사람과 관련된 것으로 틀 짓지 않는다. 그들은 참여자들을 '탈인칭화'depersonalises하는 비인칭적impersonal 사랑에 관해 쓴다(ATP: 40). 하지만 주체 차원에서의 정체성에 관심을 두지 않는다고 해서 그들의 사랑과 욕망이 구체적이지 않다고 암시하는 것은 아니다. 사랑의 관계에서 연인이라는 다양체가 그가 사랑하는 사람이라는, 비슷하게 복잡한 다양체와 "천상의 결혼식, 다양체들의 다양체들"(ATP: 39-40)에 몰두하는 관계가 되는 방식에 대해 그들은 쓴다. 사랑에 대한 정치적 개념에 대해 작업하고 있는 마이클 하트Michael Hardt는 들뢰즈와 가타리의 사랑에 관한 생각을 비주체적이고 기계적인 것으로 활용한다. 그는 이렇게 쓰고 있다.

> 누군가를 사랑하는 것은 일종이 기계적 성격을 지닌다. 너의 다양체와 나의 다양체가 개체 층위를 넘어서거나 거기에 미치지 못하는 합성을 형성할 수 있기 때문이다. 내 손의 굳은 살과 당신 입술의 연약한 곡선, 구릿빛 내 피부와 바다 내음 나는 당신의 숨결, 유목적 비행이라는 당신의 가벼운 꿈들과 나의 지상에서의 생활습관(2012: 7).

그렇다면 욕망과 섹슈얼리티에 대한 들뢰즈와 가타리의 작업은 주체/객체 관계에 관한 것이 아니다. 대신에 에로틱한 것은 인격들persons의 조직화에 주의를 기울이지 않는 다양한 부분들로부터 형성된다. 이는 욕망과 관련해 남성과 여성에게 부여된 관습적 역할이 지속될 수 없음을 의미한다. n개의 성이란 관념과 인칭 차원 아래 존재하는 욕망의 작용은 거세를 통한 성차의 정신분석학적인 성심리의 생산을 넘어선다. 다소 노골적으로 페미니즘적인 논평에서 그들은 밝힌다. "여성해방운동이 이렇게 말하는 것은 옳다. 우리는 거세된 게 아니니까 너희는 X됐어fucked"(A-O: 61). 들뢰즈와 가타리는 정신분석학에서 거세에 부여된 중심 역할을 거부한다. 무의식이 거세를 '발견'한 것이 아니라 정신분석학이 이 관념을 우리의 머리 속에 집어넣었기 때문에 거세가 나타난 것이라고 믿기 때문이다(A-O: 60). 거세에 기반을 둔 것은 의인화된 섹슈얼리티일 뿐이며, 비인간적 성의 미시적 횡단-섹슈얼리티에서 이는 설 자리가 없다(A-O: 295). 정신분석학에서 거세는 결핍의 코드화의 핵심이다. 들뢰즈와 가타리의 욕망하는 기계는 이미 존재하는 전체에 속하지 않는 부분 대상들로 구성되어 있기에 어떤 것도 결핍될 수 없다. 게다가 남근은 라캉에서처럼 들뢰즈와 가타리의 욕망 개념을 지배하지 않는다. 남근의 상징적 힘이 가부장제와 사회 내 여성의 종속적 위치를 보존하는 데 중심적이기 때문에 이는 매우 중요하다. 거세는 주로 여성과 그들의 신체에 코드화되어 있으며, 이는 여성이 부재로 표현되고 능동적인 남성 섹슈얼리티와 형태학morphology으로 채워지는, 수동적인 구멍으로서 구성되는 성적 상상으로 이어진다.

들뢰즈와 가타리는 섹슈얼리티를 재생산에 종속시켰다는 점에서 프로이트를 비판하는데, 이는 페미니즘 이론과 퀴어 이론에 중요하다(A-O: 291). 하지만 프로이트가 말하는 아동 섹슈얼리티의 다형적 도착perversity 개념이 들뢰즈와 가타리의 욕망 개념과 어느 정도 비슷하다 하더라도, 프로이트에게 심리성적 발달은 비-근친상간적이고, 재생산적인 이성애를 겨냥한다. 이는 여성을 재생산 기능―여성이 가부장제 내 예속되고 사적 영역으로 한정되어 온 주요 방식 중 하나―과 연결시킨다. 들뢰즈와 가타리에게 섹슈얼리티는 성차에 대한 규범적 시각이나 침투적 이성애 성교를 통해 재결합된 이성애자 커플의 상상된 상보성을 제공하지 않는다. 욕망의 잉여적 본성은 그것이 항상 재생산을 향한 충동 이상임을 의미한다. 비인간적 성에 대한 그들의 비전은 인간적 친밀감을 훨씬 더 복잡하게 표현할 수 있을 뿐만 아니라 규범적인 이성애 성교 자체를 다면적이고 구성 요소들의 과잉을 수반하는 행위로 만든다. 더욱이 그것은 어느 하나의 성행위나 정체성에 더 큰 가치를 부여하지 않은 채로 진행되며, 이는 이성애가 욕망과 사랑에 대한 특권적 독점을 지속할 수 없음을 의미한다.

욕망하는 신체는 종종 성감대의 지형학으로 이해된다. 들뢰즈와 가타리는 공간적 은유를 다루며, 그들에게 사랑과 에로티시즘은 신체가 새로운 방식들로 알려질 수 있도록 영토의 지도를 다시 만들 수 있게 한다. 욕망과 공간의 관계는 로렌 버랜트[Lauren Berlant]와 같은 이론가들에 의해 전경화되는데, 버랜트는 저서 《욕망/사랑》[Desire/Love]에서 성적 친밀감에 의해 발생한 "지도화를 향한 충동"(2012: 15)에 대해 기술한다. 이러한 지도학적[cartographic] 충동은 "욕망의 관계가 그것의 궤적과 복잡성이 반복적으로 경험되고 표현되는 '공간'을 만들 때, 그리고 그것의 움직임이 우리가 '신체'와 '세계' 위에서 따라갈 수 있는 흔적을 생성할 때" 볼 수 있다(2012: 14-15). 버랜트는 욕망이 성감대를 통해 개인의 신체와 물리적 공간에서 영역화되는 규범적 방식들에 관심이 있다(우리는 여기에서 사적 공간과 공적 공간이 나뉘는 방식 그리고 특정 공간을 특정한 성적 대중[8]의 출처로 영역화하는 방식에 대해 생각할 수 있다)(2012: 14). 들뢰즈와 가타리에게 그것은 정확히 욕망과 사랑에 의해 파열되는 공간의 규범적 조직이다. 그들에게 몸 전체는 에로틱한 표면이 된다. 게다가 욕망은 삽입이나 남성적 오르가슴과 같은 특정한 방향이 없으며, 섹스는 목적론적일[teleological] 필요가 없다. 이런 식으로 친밀감은, 성행위가 남성과 여성 사이의 삽입 성교와 연관된다는 관습

[8]   성적 대중에 관한 논의는 버랜트와 워너(Berlant and Warner, 1988)를 참조하라. 친밀성의 정치에 관한 비평을 위해서는 로리와 스타크(Laurie and Stark, 2012)를 참조하라.

적 개념을 넘어 훨씬 더 복잡하게 표현될 수 있다. 욕망하는 기계들은 경계를 가진 일관된 신체라는 규범적 개념을 파열하는데, 왜냐하면 욕망은 부분과 조각이 연결하는 식으로 작동하기 때문이다. 에로티시즘은 새로운 신체를 만들고, 새로운 방식으로 신체를 경험할 수 있게 해준다. 들뢰즈와 가타리가 《천 개의 고원》에서 "우리는 서로에게서 아주 많은 몸을 경험한다"라고 쓸 때 그들이 분명히 염두에 두었던 것은 비인간적 성에 대한 이러한 비전이다 (ATP: 40).

들뢰즈와 가타리는 욕망의 혁명에 대해 다음과 같이 기술한다. "대상, 목표, 원천에 대한 것이 아니라 단지 기계적 형태나 지표와 관련된 성적 혁명이 정말 존재한다"(AO: 366). 욕망의 해방을 위한 정신분석학적 모델에 대한 그들의 이론적 거부와 1960년대의 광범위한 성적 해방(페미니즘 운동 및 게이해방 운동) 사이에는 분명한 공명이 있다. 우리는 또한 자유연애 운동과 같은 반-문화적 counter-cultural 실천과 평행하는 담론적 실천을 목도한다. 게다가 우리는 가타리가 라 보르드 병원에서 일한 것, 그리고 사회적 관습으로부터 욕망을 해방하려는 라 보르드 병원의 유토피아적 명령을 잊을 수 없다. 들뢰즈와 가타리가 옹호하는 욕망의 혁명은 부인할 수 없이 그 시대의 것이다. 그러나 욕망에 대한 그들의 개념을 특정한 사회적 환경의 단순한 산물로 만드는 것은 그들이 제시한 욕망의 혁명과 그것의 급진적 본성의 지속적 관련성을 무시하는 것이다. 들뢰즈와 가타리는 다음과 같이 쓴다. "마침내 정복된 비인간적인 섹스는 꽃들과 뒤섞이는 것이다, 욕망이 분자적 요소와 흐름에 따라 작동하는 새로운 땅"(A-O: 319). 여기서 욕망과 섹슈얼리티는 고유하게 생산적이 된다. 이는 성적 재생산이 이성애를 삶과 미래 둘 다에 새겨온 문제적 방식에 대한 호소가 아니다.[9] 그것은 오히려 들뢰즈와 가타리의 작업 일반이 지향하는 "아직 존재하지 않는 새로운 땅과 사람들"(WIP?: 108)의 생산이다.

들뢰즈와 가타리는 그들의 욕망 개념을 통해 섹슈얼리티에 대한 급진적 비전을 제시한다. 나는 에로틱한 것이 들뢰즈적이라고까지 말하고 싶다. 왜냐하면 들뢰즈는 우리로 하여금 정신분석학 그리고 파괴적이고 젠더화된 욕망과 결핍의 상관관계를 극복할 수 있게 해주는 사상가이기 때문이다. 게다가 그가 가타리와 한 작업은 욕망이 기존의 고정된 패턴에서 해방될 여지를 제공한다. 에로틱한 것은 강박, 애착, 그리고 성에 대한 규범적이고 표준적인 관념을 벗어나는 행위 등의 탈주선들로 가득하다. 욕망은 잉여적이고 사물을 탈-조직화한다. 욕망이 정체성이나 정합성에 관한 것일 수 없는 것은 바로 이런 연유에서다. 오히려 들뢰즈와 가타리에게 욕망이란, 섹슈얼리티와 에로티시즘이 탄력적이고, 시간이 지남에 따라 변동·변화하고, 인간적인 것을 극복하며, 항상

---

9   이성애 섹슈얼리티리와 장래성에 관한 에델만(Lee Edelman, 2004)의 작업을 참조하라.

혁명적 잠재력을 유지하는 방식을 인정하는 것이다.

들뢰즈와 가타리가 욕망을 배치의 형성을 촉진하는 힘 혹은 욕망하는 기계로 제시하는 것은 그가 신체를 이론화하는 방식과 공명한다. 이 장에서 우리는 욕망에 대한 들뢰즈와 가타리의 비판이 에로티시즘을 이해하는 데 어떻게 유용한지, 또 결핍·거세·성교와 재생산의 상관관계 등을 거부하는 것이 특히 여성에게 어떻게 중요한지 살펴보았다. 다음 장에서는 성과 젠더 및 섹슈얼리티와 관련된 신체의 구체성과 들뢰즈의 작업이 성차에 관한 지배적인 페미니즘적 틀과 어떻게 교차되는지에 대해 더 면밀히 살펴보고자 한다. 그러고 나서 신체 자체에 대한 들뢰즈의 작업으로 넘어갈 것이다. 그는 이 작업에서 신체에 대한 데카르트적 평가절하에 도전하면서 비규범적 신체들의 이론화를 위한 커다란 잠재력을 제공한다.

신체

Bodies

들뢰즈는 신체[1]가 무엇인지, 어떻게 신체가 사회적으로 '남성'과 '여성'의 성별화된 범주로 구조화되는지에 대한 이해에 급진적으로 도전한다. 가장 기본적으로 성차sexual difference란 남녀 신체가 근본적으로 다르다는 관념이다. 남녀 신체는 다양한 형태론, 역량, 그리고 세계에 관해 체현된embodied 관계를 가진다. 성차에 대한 문제 제기는 신체에 대해 단 하나의 성sex 모델을 거부하는 것이다. 따라서 이는 그야말로 개별적singular 개인이나 보편적 인간 관념에 대한 도전이다. 모이라 게이튼스Moira Gatens는 섹스/젠더sex/gender 구분에 관해 일찍이 중요한 비판을 하면서 이 현실을 매우 잘 설명했다. "신체의 중립성에 관하여, 노골적으로 말한다면, 중립적 신체는 존재하지 않는다. 남성 신체와 여성 신체, 최소한 두 종류의 신체가 있을 뿐이다"(1996: 8). 페미니즘 이론은 성차와 오랫동안 씨름해 왔다. 특히 프랑스 페미니즘이 그러한데, 여

---

1   [옮긴이] 신체로 번역되는 'body'(bodies)는 불어 'corps'와 마찬가지로 신체뿐 아니라 물체를 지칭하기도 한다. 마찬가지로 들뢰즈에게 신체/물체(bodies)는 인간의 몸뿐만 아니라 동식물, 물체(음악이나 저작 등)를 의미한다. 음악 작품이야말로 스피노자적 의미에서 신체/물체의 탁월한 예가 되는데, 음표들 즉 음악의 입자들은 다양한 속도의 상호관계 안에서 진행되며 듣는 사람을 정동적으로 변용시키기 때문이다(이찬웅, 2020: 46). 들뢰즈에게 신체는 그것이 가진 능력들 또는 힘들과 동일시된다(29).

기서 여성 신체에 속하는 차이와 여기서 나오는 사유와 글쓰기는 긍정적 본질주의$^{positive\ essentialism}$[2]를 주장하는 데 사용된다. 페미니즘 이론 안에서 차이의 문제는 남성과 여성의 생물학적·사회적 또는 상징적 역할들을 고려할 때, 성별화된 신체나 성차의 구체성을 어느 정도까지 참작해야만 하는지에 달려 있다. 만일 페미니즘 이론이 우리가 어떻게 살아가고 어떻게 우리 자신을 (최소한) 두 개의 다른 유형의 신체들로 구성된, 한 사회에 존재하는 것으로 상상하느냐에 대한 문제라면 성차의 문제는 페미니즘 이론의 핵심 주제로 삼을 필요가 있다.

그러나 들뢰즈는 신체의 조직에 대한 우리의 이해에 대한 도전 이상의 것을 한다. 그는 또한 서양철학사에서 신체의 전형적 위치에 도전하는 방식으로 신체를 재개념화한다. 가장 중요한 점은 들뢰즈가 1장에서 이미 논의했던 데카르트의 정신/신체 이분법으로부터 신체를 복원한다는 것이다. 데카르트 체계 안에서 신체는 평가절하되어 능동적 정신을 싸고 있는 수동적 껍질에 불과하다. 심신이분법은 여성과 신체의 일체성과 공모하면서 여성을 소외시키는 결과를 낳았다. 여성을 신체와 더 가깝게 위치시켜 온

---

2   [옮긴이] 이리가레는 경험적·물질적 또는 역사적 차원과 상징적·담론적 차원의 분리를 거부하며, 따라서 '여성성'에 관한 논쟁을 실재하는 여성의 존재와 분리시키지 않는다. 생물학적 결정론과는 거리가 먼, 주체에 대한 이리가레의 모방적 관계는 남근중심주의 담론의 본질주의(성차는 소위 초역사적이고 결정론적임)를 드러내고 비판한다(Braidotti, 2002/2020: 57).

증거는 오랫동안 자연이나 동물과 여성을 연관지어 왔다는 점에서 알 수 있다. 여성들의 체화된 출산 능력은 역사적으로 여성의 영역이 타인의 신체를 돌보는 등 삶의 내재적 조건을 다루는 사적 영역이었음을 의미한다. 반면에 남성은 공적 영역으로 갔고 이념의 초월적 세계로의 진출이 허락되었다. 더욱이 여성이 남성보다 신체적 속성에 의해 평가될 가능성이 크다는 사실은 여성이 외모와 가치의 상관관계에 더 취약하다는 것을 보여준다. 여성과 신체라는 이 문제적 연관성alignment은 현재까지 지속되기 때문에, 이분법적 사고에 따른 신체의 평가절하에 도전한다는 것은, 성차의 물질성에 관해 더 나은 방식으로 사유하고자 하는 철학자들에게 중요한 기획이다. 체현embodiment이라는 반이분법적 개념을 찾아내기 위해 들뢰즈는 스피노자에 의지한다. 스피노자는 철학적 일원론을 통해 데카르트주의에 도전하면서 만물(신과 자연, 정신과 신체)이 단 하나의 개별적 실체[3]로 구성되어 있고 마찬가지로 정신이나 신체 어느 것도 특권적 위치를 차지할 수 없다고 주장함으로써 데카

---

[3]　[옮긴이] 데카르트는 무한 실체(신) 외에 유한 실체(정신이나 신체)의 존재를 허용하는 반면, 스피노자의 실체(substance)는 여럿 존재하는 것이 아니라 오직 하나만이 존재하는데, 그것이 바로 신 또는 자연을 말한다. 스피노자는 《에티카》 1부 세 번째 정의에서 실체를 "자신 안에 있고 자신에 의해 인식되는 것, 곧 그 개념을 형성하기 위해 다른 실재의 개념이 필요하지 않은 것"으로 정의한다. 나아가 실체의 변용(affection)을 양태(mode)라고 하는데, 스피노자에게 양태는 이 세상에 존재하는 모든 것(물리적 사물, 정신, 관념, 욕망, 정서 같은 모든 것)을 가리킨다. 역으로 실체는 이 모든 양태들의 원인이다(진태원, 2022: 54-58).

르트의 이원 구조 체계를 극복했다. 페미니즘 이론가들이 신체에 관한 들뢰즈의 작업을 그렇게 열정적으로 받아들인 것은, 그가 스피노자의 입장을 채택하고 가타리와 더불어 "기관 없는 신체" 개념으로 발전시켰기 때문이다. 이러한 들뢰즈의 신체 연구에 관한 페미니즘적 관심은 여러 가지 이유로 놀랍지 않다. 그는 우리가 어떻게 물질적으로 존재하는지 사유하는 데 새롭고 흥미진진한 방식들을 제공하고, 이는 서양철학에서 신체와 신체의 지위를 재평가하고자 하는 페미니스트에게 매우 유용할 수 있기 때문이다.

　이 장은 신체 자체에 관한 들뢰즈의 연구를 본격 탐구하기 전에 신체의 구성과 성차의 물질성으로 시작하고자 한다. 우선 영미 페미니즘에서 성차를 이해하는 지배적 패러다임인 섹스/젠더 구분을 살펴보고, 유럽의 페미니즘 연구 전통에서 중요한 성차 자체의 힘에 대해 논하고자 한다.[4] 마지막으로 신체에 대한 들뢰즈의 가장 연관성 깊은 작업을 탐구하려 한다. 들뢰즈의 신체 개념이 체현된 차이와 비규범적 신체를 고찰하는 데 특히 유용함을 주장하고자 한다. 페미니스트들은 차이가 체현되는 많고 다양한 방식을 고려할 필요가 있기 때문에 이 장은 들뢰즈의 작업이 어떻게 장애disability의 문제에 관해 생산적 사유의 틀을 제공하는지 고

---

[4]　　영미 페미니즘과 유럽 페미니즘 간의 차이에 대한 중요한 논의는 버틀러·브라이도티의 논문(1994)과 브라이도티의 *Nomadic Subjects*(1994, 2011[개정판])를 참조하라. 《유목적 주체》, 박미선 역(여이연, 2004).

찰하는 것으로 마무리한다.

섹스와 젠더

섹스/젠더 구분은 성차와 관련해 우리가 체화된 삶을 사는 방식에 대한 현대적 이해의 핵심적 측면이었다. 이 구분은 섹스가 신체와 연관되고, 젠더는 신체가 사회적으로 구성되고 존재하는 방식과 관련된다는, 물질성과 문화의 관계성을 개념화하는 방식을 제공한다. 페미니스트들은 섹스보다 젠더에 종종 초점을 맞추었다. 그것은 아마도 젠더가 고정된 것이라기보다 변하기 쉬운 것으로 믿기 때문일 것이다. 만약 젠더가 문화적으로 구성된다면, 젠더는 다르게 구성될 역량이 있고 따라서 우리는 사회 속에서 새롭고 더욱 평등주의적인 방식으로 젠더가 작동할 수 있게 할 것이다. 우리는 보부아르가 《제2의 성》에서 여성은 '태어난' 것이 아니라 '만들어진' 것이라고 했던 혁명적 주장에서 젠더 정체성이 내적인 자아의 타고난 속성이라기보다 하나의 사회적 구성이라고 이해할 수 있다(2011: 293). 이런 생각은 페미니즘이 재현할 수 있는, 진정한 여성의 본질에 관한 주장에 대한 도전이기에 페미니즘에 심오한 영향을 끼친다. 2장에서 언급했듯이 어떤 문화에 젠더가 각양각색으로 발현된 모습뿐만 아니라 문화와 역사에 걸쳐 방대하게 젠더화된 관행을 살펴보았을 때, 젠더화된 행위가 본질적이지 않다는 것은 분명하다. 보부아르의 주장은 생물학적 성차의 신체와 젠더적 발현의 관계가 어떤 점에서는 임의적arbitrary이라는 점을 분명히해 준다. 성차화된 여성 신체가 여성성에 관한 사회적 이상들을 가장 잘 표현할지라도 이러한 여성성을 구성하는 것은 우발적contingent인 것이다. 이러한 섹스/젠더 이해는 섹스를 생물학적이고 타고난 고정된 상수로, 젠더를 문화적 덧씌움overlay으로 자리매김하게 한다. 섹스/젠더에 관한 이런 이해는 신체와 의식 사이에 추정되는 분리를 재각인시키고 성차의 신체와 젠더 정체성 간의 인과관계를 암시한다(예를 들자면, 여성 신체는 여성적 주체로 나타날 것이라는 것이다).

이는 주디스 버틀러가 신체 자체의 담론적 양상에 관한 분석에서 비판했던 구분이다. 버틀러는 젠더가 수행적performative이라는 이론을 내세운다. 젠더화된 주체성은 내면적이고 젠더화된 자아의 환상을 초래하는 "행위와 제스처, 절합되고 실행된 욕망"(1990: 136)의 반복을 통해 구성된다고 주장하는 것이다. 버틀러에 의하면, 젠더와 신체의 사회적 구성은 타고나는 것도 아니고 필연적인 것도 아니며 반복된 행위들의 산물이다. 반복된 행위는 담론 체제 discursive regime를 통해 감각적인sensible 것이 된다.[5] 《의미를 체현하는

---

5   들뢰즈는 《차이와 반복》에서 반복 작업 역시 유사한 방식으로 체화된 정체성의 생산을 해독하는 데 동원될 수 있다고 한다. 첫째, 신체는 수동적일 뿐

육체》(인간사랑, 2003)에서 그 가설은 정교해졌는데, 버틀러는 육체적 반복을 통해 구성되는 것은 젠더만이 아니라고 주장한다. 신체 또한 (성차를 지닌 남성이나 여성처럼) 이러한 과정들을 통해 드러난다. 이때 버틀러에게 신체는 담론적 장소다. 섹스는 항상 젠더 이후 위치지워지며, 따라서 우리는 언제나 이미 문화화되지 않은 신체에는 접근할 수 없다. 이런 식으로 젠더 위치를 생산하는 규제 체계는 또한 신체가 우리에게 드러나게 하는 체계와 똑같은 체계다(1993: x). 따라서 신체는 양성 체제 안에서 규제적 이상regulatory ideals을 통해 작동하는 권력 효과로서 구체화된다. 버틀러는 젠더가 하나의 규범적인 "규제적 이상"임을 주장하기 위해 푸코를 동원한다. 이는 규범적인 "규제적 이상"은 "그것이 지배하는 신체들을 생산한다"(1993: xi). 더욱이 이러한 신체의 규제는 재생산이 가능한 이성애에 부여된 "자연스러움"에 대한 독점권을 유지하기

만 아니라 능동적인 육체적 반복으로 현현되는 것으로 생각될 수 있다. 따라서 그것은 단지 능동적 정신의 수동적 용기인 데카르트적 신체의 살과 결코 연관될 수 없다. 들뢰즈가 구상한 대로 반복은 신체에 안정성과 정체성의 환상을 주지만 실제로는 단지 육체적 습관만 있을 뿐이다. 그 주장은 육체적 정체성이 존재하지 않는다는 것이 아니며(사실 그것들은 우리가 지각하는 물질적 현실을 구성하기 때문에), 그것들은 다른 과정의 이차적 퇴적물이라는 것이다. 왜냐하면 신체는 신체적인 양식화의 대상이 되기 때문에 몰역사적으로 여겨질 수 없기 때문이다. 기관 없는 신체가 이 과정의 예시가 된다. 연결할 수 있는 다른 방법들과 연결할 수 있는 다른 실체들이 항상 존재한다. 이것은 들뢰즈의 시간의 세 번째 종합, 즉 영원회귀를 통해 사물(things)이 달라지는 것을 보장하는 미래로의 이동에 의해 입증된 들뢰즈의 반복의 설명에 대한 두 번째 함의로 이끈다. 따라서 몸은 항상 되기(생성)의 과정에 있기에 정적이거나 자기 동일적이거나 완성된 것으로 여겨질 수 없다.

위해 발생한다.[6]

　　버틀러는 성 형태론morphology에 엄청난 성적 다양성이 존재한
다는 점을 인정한다. 버틀러에 의하면 인터섹스, 트랜스젠더, 트
랜스섹스 또는 젠더퀴어인 이들을 포함해 남/여 이항법binary에 일
치하지 않는 신체나 어떤 식으로든 남/여 이분법을 약화시키는
신체에 의해 젠더는 항상 골머리를 앓는다troubled는 것이다. 이처럼
버틀러는 젠더가 타고난 것이고 불변한다는 생각뿐 아니라 섹스
도 타고나고 불변한다는 관념에 도전한다. 그러나 버틀러에게 물
질성은 항상 담론에 예속되어 있다. 젠더 규제가 강제적 시스템이
기는 하지만, 이것이 지배규범에 맞서는 저항이 불가능함을 의미
하지는 않는다. 버틀러는 수행성이 이미 저항의 가능성을 포함한
다고 주장한다. 우리가 전복적인 방식으로 규범을 반복함으로써
이들 규범의 "자연스러움"에 도전할 수 있기 때문이다(1993: 181).
그러나 이런 저항은 단지 물질성을 지배하는 규범들과 젠더가 육
체적으로 체현되는, 반복되는 행위에 관련해서만 가능하다. 그래
서 버틀러의 작업이 문화/자연의 이분법과 정신/신체 구별의 상
호관련성을 단순히 재배치하지 않을지라도, 담론 체제에 대한 그
녀의 강조는 문제적인troubling 물질성의 힘과 물질적 차이를 약화

---

[6]　　모든 신체는 젠더 규범의 규제를 받지만, 이러한 규범들이 각 신체에 동일
　　　한 방식으로 새겨져 있다고 말할 수 없다. 우리는 특히 인터섹스(intersex)의
　　　몸이 남성/여성의 이분법적 성 모델에 부합하도록 의학적 개입을 받는 경우
　　　에서 이를 볼 수 있다.

시킨다. 이 주장의 문제는 신체의 물질성의 힘을 약화시킨다는 것이다. 하지만 신체적 물질성의 힘은 문화적 규범에 예속될지라도, 결코 문화 규범으로 환원되지 않는다.

　모이라 게이튼스는 섹스/젠더 구분과 페미니즘 이론에서 이 구분이 차지하는 위치에 대해 비판적이다. 게이튼스의 작업은 그로츠의 몸 프로젝트와 더불어 맥락화될 수 있다. 그로츠는 서구 사유 체계에서 신체의 문제적 위치를 진단한 후, 신체성corporeality[7]을 긍정적으로 재평가하기 위한 새로운 방식을 찾았다. 게이튼스는 페미니즘 이론에서 젠더가 무비판적이고 유토피아적으로 다루어지고 있는 점을 매우 우려했다. 그러나 그녀는 젠더의 호소력 중 하나는 생물학적 결정주의나 많은 비판을 받았던 운명으로서의 생물학 개념과 관련한 위험으로부터 거리를 두게 했다는 점을 인정한다(1996: 4). 1983년 게이튼스는 섹스와 젠더의 연결이 임

---

[7]　　몸 페미니즘(corporeal feminism)은 신체성 그리고 적어도 두 가지 유형의 신체 존재를 정치의 중심으로 만드는 페미니즘 이론의 분파다. 이 운동은 그로츠의 기본 텍스트인《몸 페미니즘을 향해》, 그리고 모이라 게이튼스 (1996), 제네비에브 로이드(1984), 엘스페스 프로빈(Elspeth Probyn, 1996), 조에 소폴리스(Zoe Sofoulis, 1992), 로잘린 디프로스(Rosalyn Diprose, 2002)를 포함한 일련의 다른 호주 페미니스트들의 연구를 포함한다. 로지 브라이도티의 작업 또한 이런 움직임과 맥을 같이 한다. 브라이도티는 호주에서 성장했을 뿐 아니라 이런 사상가들의 다양한 연구체를 특징짓는 많은 관심 분야를 공유한다. 패트리샤 맥코맥은 호주의 구체적인 운동으로서 몸 페미니즘을 논의하면서 이러한 페미니스트들이 모두 "비판적이고 호의적으로 프랑스 남성 철학자들, 신체와 퀴어 섹슈얼리티를 다룬다"(2009: 85)고 주장한다. 그로츠(1987, 1993, 1994)를 참조하라.

의적이라는 전제, 그리고 이것이 정신을 젠더의 기입을 위한 유순한 장소로 또 신체를 이러한 기입의 "수동적 매개자"로서 위치 지우는 방식 두 가지 모두를 비판했다(1996: 4). 게이튼스는 사회적 구성물로서의 젠더 프레임에서 가능한 성차의 중립화를 반대하면서 다음과 같이 서술한다. "성-적합 행동의 형식으로서의 남성성과 여성성은 역사에 기반하고 문화적으로 공유된 남성과 여성의 생명작용에 대한 공유된 환상이다. 따라서 섹스와 젠더는 임의로 연결되지 않는다"(1996: 13). 우리는 사회적·역사적 맥락에서 생명작용을 이어나가며, 그렇게 섹스와 젠더, 자연과 문화의 범주는 필연적으로 상호오염되어 있다cross-contaminated.

게이튼스의 임무는 또한 섹스와 생물학, 젠더와 의식의 연관성 속에서 유지되는 정신/신체 이분법에 도전하는 것이다. 그녀는 도덕적·사회적·정치적 철학에서뿐만 아니라 형이상학에서 신체를 재평가하는 데 전념한다. 즉 게이튼스의 작업은 개개인이 속한 더 큰 구조와 신체의 성별화된 구체성 속에서 체현된 삶, 즉 정치체the body politic를 고려한다. 게이튼스는 상상된 신체(복잡하고 다양한 사회적 상상을 통해 구성된 신체들)의 중요성을 개진한다. 이런 식으로 게이튼스는 상상적 신체의 존재와 이 신체가 사회적·역사적 힘에 의해 형성된 방식을 동시에 긍정하면서, 살을 가진 신체성과 이러한 신체가 살아가는 방식의 중요성 둘 모두를 인정한다(1996). 이는 신체에 대한 언어적 독해가 아니라 신체와 정신(또는 섹스와 젠더)이 상호연관되어 있다는 주장이다. 신체는 문화적 기입을 위해 기다리는 무언의 살덩이로서 이해될 수 없고, 정신도 순수 관념으로 이해될 수 없다. 정신과 신체의 분리에 도전하면서, 문화와 자연은 신체와 여성성의 재평가를 가능하게 한다. 이는 주체성을 배타적으로 여기는 것으로부터 로지 브라이도티가 기술한 대로 "내재되고 체현된"embedded and embodied 성질에 의해 주체성을 이해하는 것으로 이동한다(2011: 4). 이런 식으로 신체를 이해하는 것은 신체의 구체성을 설명하는 것이고 주체들이 체현되고, 위치 지어지고, 연결되는 여러 가지 방식을 드러내는 생생한 실천에 초점을 맞추는 것이다.

그로츠, 게이튼스와 브라이도티 같은 페미니스트의 작업은 우리가 젠더 너머를 사유하고 신체 그 자체의 성별화된 구체성을 기억할 필요가 있음을 상기시킨다. 브라이도티는 이것이 "긍정적 힘으로서의 성차"(2011: 38)를 사유하는 프로젝트임을 제안한다. 들뢰즈는 젠더의 사회적 코드화보다는 체현된 삶의 더 풍부하고 더 복잡한 표현을 인정하는 데 더 관심이 있기에 이러한 과제를 위한 훌륭한 자원이 된다. 이것은 젠더가 그 위에 덧씌워지거나 젠더의 문화적 전형을 통해서만 접근할 수 있는 무언의 신체가 아니다. 그 대신 신체의 물질성은 세상에서 우리가 살아가는 방식을 형성하는 힘으로써 또한 이해될 필요가 있다.

성차

들뢰즈의 연구 덕분에 우리는 성차를 대안적으로 이해할 수 있다. 이런 성차에 관한 대안적 이해는 섹스/젠더 구분과 잘 맞지 않는다. 들뢰즈는 섹스/젠더 대신에 다양한 방식으로 조직되는 생명작용의 "강도적이고 발생적인 흐름intensive and germinal flow"(AO: 162)을 기술한다. 이는 매우 중요하다. 왜냐하면 클레어 콜브룩이 상기하듯 "차이란 젠더적이기보다 **성적인** 것sexual"(2014: 17, 원문 강조)이기 때문이다. 차이를 낳는 것은 젠더가 아니라 섹스 그 자체다. 이는 성차가 무한하게 상이한 유전적 조합이 생산되고 새로운 신체들이 태어나는 발생의 메커니즘이기 때문이다.

들뢰즈와 가타리는 성별화된 신체가 어떻게 문화적 구성에 예속되는지를 고려하는 대신, 우선 우리가 신체를 조직하는 수단으로서 어떻게 성차에 이르게 되었는지 밝히고자 한다. 이를 위해 그들은 "보편적 역사"(AO: 139)를 기술하지만 이는 당연한 출현이나 불가피성의 서사라기보다 단지 "우발성의 역사"(AO: 140)일 수 있다. 이는 통시적diachronic 프로젝트다. 왜냐하면 들뢰즈와 가타리는 신체의 공시적synchronic 조직화보다는 성차가 어떻게 이러한 조직의 메커니즘이 되었는지에 관심이 있기 때문이다. 섹스, 젠더, 섹슈얼리티에 대한 그들의 이해는 《안티-오이디푸스》에서도 볼 수 있는 자본, 오이디푸스 가족구조, 친족관계 그리고 주체성의 전통적 이해에 대한 밀접하게 연관된 비평으로부터 나온다. 그들은 여기서 성차가 인종과 문화의 장 안에서 **생산된다**고 주장하며 (AO: 85), 이는 성차가 인종적 차이로부터 나옴을 의미한다. 들뢰즈와 가타리는 친족에 대한 레비-스트로스^{Lévi-Strauss}의 연구와 상충되는 개념을 정립함으로써 성차의 사회적 등장을 이론화한다. 레비-스트로스는 성차란 여성의 교환 및 근친상간의 금지와 관련하여 발생했다고 주장한다. 이때 레비-스트로스는 문화가 기능하고 친족이 존재하기 위해 어머니를 향한 아이의 근친상간 욕망을 억압해야 할 일차적 욕망으로 자리매김한다. 이런 식으로 친족관계를 구조화하는 것은 한 개인이 성관계를 금지당하는 바로 그 신체들이다. 여성이 교환되고 부족 간 결연이 형성되는 결혼을 통해, '여성'은 존재의 본질적 양상^{innate modality}이라기보다 체계 안에서 어떤 위치^{position}가 된다(1969). 들뢰즈와 가타리는 레비-스트로스의 원초적 근친상간 개념을 채택하기보다 근친상간의 욕망이 그것의 억압을 통해 만들어지며 근친상간의 금지는 보편적일 수 없다고 주장한다(AO: 161).

들뢰즈와 가타리에게 있어 핵가족 내 젠더화된 주체의 생산은 교환의 구조나 근친상간 금지를 통해 발생하지 않는다. 대신 신체들의 사회적 구성은 사실상 훨씬 더 임의적이다.^{arbitrary} 그들은 사회적 조직 혹은 체제의 세 가지 유형(원시영토적·전제군주적·자본주의적 체제) 간의 구분을 통해 이 점을 보여준다. 들뢰즈와 가타리가 '원시적' 사회로 기술하는 곳에는 "여자들과 아이들, 무리들의 흐름과 씨앗, 정액 흐름, 똥 흐름, 월경 흐름"(AO: 142)의 무한한 흐름이 있다. 신체는 처음에 유전을 통해 종족들tribes로 조직되고 여기에서 신체는 사회적 코드와 관련하여 (문신, 노래, 신화와 같은 다양한 사물로) 분배된다. 사회적 코드들은 사회체socius를 생산하기 위해 이런 잉여적 발생의 흐름을 구성하거나 영토화하려고 노력한다. 우리가 자본주의에 도달하면, 사회적 코드와 관련한 신체의 구성은 더 이상 의미가 없다. 가격의 추상화 덕분에 교환가치가 가변적인 이러한 경제적 체계에서 코드는 고정되지 않고 교환의 패턴도 마찬가지로 고정되지 않는다. 3장에서 살펴보았듯이, 자본주의에서 가족, 그리고 가족구조 내의 젠더화된 역할들은 욕망을 특별한 패턴으로 구성하는 오이디푸스와 구체적으로 관련되어 나타난다. 원시 체제, 전제군주 체제, 자본주의 체제 간 신체 조직화의 변화shifts는 그들의 현재 배치가 사회·역사적으로 구체적이고 따라서 잠재적인 재배열 형태reconfigurations임을 말해 준다. 사회 내 젠더화된 역할은 특정한 사회적·경제적 구조의 현현이며 타고나거나 보편적인 어떤 것을 표현할 수 없다. 더욱이 섹슈얼리티와 욕망은 근본적으로 잉여적이고 복합적이다. 《안티-오이디푸스》에서 성sex, 젠더, 섹슈얼리티의 위치는 들뢰즈와 가타리에게 무한히 다양한 신체들이 단지 '남성'과 '여성'의 범주로 영토화된 상태임을 보여준다.

들뢰즈의 연구에서 섹스/젠더 구분은 차이의 발생적 유동성이나 섹슈얼리티의 복합성만큼 중요하지 않다. 그로츠는《미완성 되기: 삶과 정치와 예술에 대한 다윈적 성찰》*Becoming Undone: Darwinian Reflections on Life, Politics, and Art*에서 삶(생명)에 대해 사유하기 위해, 이리가레의 성차와 다윈Charles Darwin의 성별 선택과 더불어 들뢰즈의 발생적 개념을 가져온다.[8] 그로츠는 성차를 "최소한 두 개의 발달선, 두 개의 형태들, 신체의 두 가지 유형의 정교화, 즉 끝없는 변이와 끝없는 차이를 가져오는 발산적divergent 발달"로 기술한다(2011: 3). 이런 식으로 성차를 자리매김하면서, 그로츠는 이리가레와 관련해 성차를 "다루기 힘들고 환원불가한 문제"(2011: 81)로서 또 모든 다른 차이들의 출현을 위한 조건으로서 기술한다. 여기서 그로츠는 버틀러와, 그리고 섹스는 수행성을 통해 담론적으로 생산된다는 버틀러의 주장과도 구별된다.[9] 그로츠에게 성차는 일차적인 것이며 사실 성차는 담론이 타협해야 하는 것이기 때문이다. 이런 식으로 그로츠는 물질적 성차를, 차이가 시간적으로 나타날 수 있게 하고 인구의 변동을 낳을 수 있게 하는 조건으로서 위치 지운다. 그로츠에 의하면 "성차가 없다면, 우리가 아는 생명도 있을 수

---

8   그로츠의 생기론적 프로젝트는 생명 정치와 신유물론으로 특징지어지는 언어적 전환 이후 생명(life)에 대한 관심의 더욱 광범위한 부활과 연관될 수 있다.

9   성차 배열에 대한 버틀러와 이리가레 간의 차이에 대해서는 그로츠의 논의를 참조하라(2011: 107).

없고, 살아 있는 신체도, 영토의 움직임도, 종의 차이와 인간을 인
종과 계급으로 나누는 차이도 없다. 단지 같음, 단성성[monosexuality],
양성구유[hermaphroditism][10], 같음의 끝없이 구조화된 (박테리아나 미생물
의) 재생산만이 있을 뿐이다"(2011: 101).

그로츠는 자연적 선택[적자생존]과 성적 선택의 구별을 통해
차이의 출현에 대해 더욱 깊게 파고든다. 자연선택[적자생존]은 환
경에 가장 '적합한' 개체들의 생존을 통해 발생하지만, 성적 선택
은 반대의 성을 지닌 개체가 가장 매력적이라고 생각하는 개체가
자신의 유전자를 전달할 수 있도록 한다. 겉보기에 이는 이성애
의 자연화처럼 보일지 모른다. 그러나 그로츠는 성적 선택이 살아
남기 위해 항상 과도하게 작동하는 방식에 관심을 둔다(2011: 118).
그로츠는 성(섹스)에 대해 한편으로는 종[species]이 끝임없이 다양한
개체를 생산케 하는 메커니즘으로, 다른 한편으론 그녀가 "성적
선택의 비합리적·비기능적·비적응적 작용"(2011: 128)으로 묘사한
매력, 쾌락, 흥분에 관한 것으로 기술한다. 인간 종[species]과 비인간
종에 존재하는 동성애를 살펴보면서, 그로츠는 동성애를 성적 선
택이 발생시키는 보편적 과잉의 일부라고 주장한다(그리고 그로츠
는 이것을 비생식적 이성애 성교와 연결한다)(2011: 130). 더욱이 동성애

10　　[옮긴이] 'hermaphroditism'은 양성구유, 자웅동체 등으로 번역되며 인터섹
스(intersex)와 달리 완전한 남성과 완전한 여성이 한몸에 있다는 것으로,
생리적으로는 불가능하다. 플라톤의 《향연》 등을 비롯해 고대 서양에서부
터 존재하는 개념이다.

게 끌리는 것과 재생산 없는 성적 관행이 지속적으로 만연해도 종 수준에서 자손의 발생이나 진화를 방해하지 않는다. 수컷 새의 화려한 깃털이나 짝짓기 소리의 음악성 등을 포함하는 성적 선택의 과잉은 삶을 예술적이고 창의적이며 즐겁게 만든다. 또한 성적 끌림은 연인의 신체의 특수성에 관한 것이기 때문에 성적 선택은 차이를 더 발생시킨다. 이런 식으로 그로츠에게 동성에게 끌림은 특정 신체 유형에 대한 성적 욕망을 의미하기 때문에 또한 성차에 관한 것이다(2011: 131).[11]

그로츠는 성차에 대한 자신의 주장에 낙관적인 반면 콜브룩은 훨씬 더 허무주의적이다. 그로츠와 콜브룩 둘 다 성차의 잉여성을 이론화하고 있으며 이것이 체현되는 방식의 물질성에 관심을 둔다. 그로츠는 성적 선택의 발생 능력을 다루기 위해 다윈을 언급하는 반면, 콜브룩은 인간 멸종의 불가피성을 위해 다윈의 진화 개념을 동원한다. 그로츠와 마찬가지로 콜브룩은 생명에 관심이 있지만 그녀에게 생명은 인간과 유기체를 넘어 사유될 필요가 있는 것이다. 이런 목적으로 콜브룩은 성적 **비차이**sexual indifference에

---

[11]   《미완성 되기》에서 한 비규범적 가족에 대한 그로츠의 논의는 다소 문제적이다. 끌림(attraction)에 있어서 성차가 어떻게 (이성애든 아니든) 항상 작동하는가에 대한 그로츠의 논의에서, 그녀는 비전통적 가족에 대한 버틀러의 연구를 비판한다. 버틀러는 이들 가족을 이성애 모델의 복제로서 해독하고 그들이 "가부장제를 전통적 가족처럼 이의 없이 표현하는"(2011: 108) 방식을 기술하고 그 가족들을 오이디푸스적 용어로 틀 지었다. 이런 식으로 버틀러는 가족이 구성되고 살아가는 여러 가지 다양한 방식을 무시한다.

대해 기술한다. 이러한 성적 비차이는 Y 염색체의 소멸을 통한 성차의 소멸, 이성간의 성교를 통해 재생산하지 않으며 우리 행성의 미래에 더 걸맞는 생명 형태의 진화, 혹은 지구에서 유기체 생명의 근절에서 분명히 드러난다(2012b: 167-168). 콜브룩은 성적 비차이를 "경계가 있는 유기체 너머의 차이"(2012b: 170)라고 기술하며, 여기에 "현재 동일성에 대한 감각 또는 시간의 종합이 **없는** 생명의 힘, 돌연변이, 발생 및 교환"(2012b: 171)을 포함시킨다. 콜브룩에게 성차를 고려하는 것은 멸종extinction과 뗄 수 없는 것이다. 성차는 종의 변이를 가능하게 하지만, 성차가 일어나기 위해서는 유기체의 일정한 안정성과 경계를 요구한다. 그러나 성적 비차이는 무한한 증식을 특권화하고 연속성을 요구하지 않기 때문에 생명에 카오스chaos를 가져온다. 콜브룩은 모든 기괴하고 비인간적인 형태로 드러나는 성적 비차이에 대한 개방성이 우리로 하여금 인간이라는 근시안적 특권화를 넘어설 수 있게 해준다고 느낀다. 더욱이 그것은 우리의 사고 체계에 내재한 성sex에 대한 이분법적 이해의 지배(2012b: 168)와 "생명의 규범적 형상을 규정지어왔던 젠더 차이라는 도덕주의"(2012b: 179)를 극복하는 데 도움이 될 수 있다.

들뢰즈가 단지 성차를 무한히 다른 신체를 조직하는 하나의 방식으로 위치시켰을지라도, 그의 저작은 그로츠나 콜브룩과 같은 페미니스트들이 성차 개념 자체에 새로운 생명을 불어넣는 데 활용되었다. 잉여적이고 발생적인 차이의 유입이라는 들뢰즈의 개념으로부터 성차가 생명 그 자체에 내재하는 필수적인 차이를 발생시킨다는 체화된 생명이라는 시각이 나오게 된다. 물질성에 대한 이런 시각은 콜브룩이 성적 비차이에서 발견한 무한한 증식만큼 결코 아주 겉잡을 수 없는 것은 아니지만, 성차가 변이로 가득한 세계를 낳는다는 점은 의심의 여지가 없다. 그러나 들뢰즈가 신체가 조직되는 체계에만 관심을 둔 것은 아니다. 그는 또한 개별 신체와 체화된 생명의 풍부한 다양성을 이론화하는 데 도움을 주는 도구를 제공했다.

신체는 무엇을 할 수 있는가

스피노자의 철학은 확실히 들뢰즈의 신체 개념에 가장 중요한 영향을 미쳤으며 들뢰즈는 스피노자로부터 얻은 슬로건, "우리는 신체가 무엇을 할지 아직 알지 못한다"(S: 125)를 그의 저작 곳곳에서 반복한다. 이러한 언급은 신체를 정의할 수 없거나 알 수 있는 실체entity가 아닌 것으로, 그러나 생산의 장소이자 실험적 실천의 장소로 자리매김한다. 들뢰즈의 스피노자 독해에 의하면, 신체의 역동성과 능력은 신체가 지식의 규정을 영원히 초과하도록 한다. 신체 능력에 대한 스피노자의 관심은 들뢰즈에게 윤리적 물음을 제기할 수 있게 했다. 신체가 서로 접촉할 때 신체는 각자의 상이한 정동능력^{capacities for affect}[12]을 표현한다. 따라서 스피노자에게 신체가 무엇을 할 수 있는가의 물음은 신체가 맺을 관계에 대해 그리고 이들 관계로 촉발될 정동능력에 대해 묻는 것이다. 들뢰즈는 스피노자가 던진 두 가지 근본적인 질문을 명확히 한다. 즉 신체를 구성하는 관계의 측면에서 신체의 구조는 어떤 것인가? 그리고 신체는 정동능력의 측면에서 무엇을 할 수 있나?(EP: 218). 스피노자적 신체는 운동학^{the kinetic}과 역학^{the dynamic}의 두 축에서 절합되며, 들뢰즈는 이를 또한 신체의 경도와 위도로 설명한다 (S:127). 운동학적으로 신체는 정지 그리고 운동의 속도로 정의된다. 역학의 축에서 신체는 다른 신체들을 변용하고 그 신체들에 의해 변용되는 능력으로 정의된다. 변용능력^{capacity for affection}은 고정되어 있지 않고 탄력적이다. 즉 정동은 신체의 행위능력을 증가시키거나 감소시킨다(EP: 222). 이는 두 가지 형태를 띤다. 즉 슬픔은 신체의 행위역량을 감소시키고 반면에 기쁨은 행위역량을 증가시킨다(S: 27). 이러한 신체 변용의 의미를 이해하기 위해서 신체가 상호작용할 때 무슨 일이 일어나는지 살펴볼 필요가 있다.

스피노자의 세계에서 신체들은 다른 신체들과 집합체^{aggregates}를 형성한다. 이런 관계는 생성(되기)의 흐름 속에서 신체들을 합성하고 분해한다^{compose and decompose}. 이것은 신체가 경계가 있고 일

---

[12]   [옮긴이] 이하 'capacity for affect'는 정동능력, 'capacity for affection'은 변용능력으로 번역한다.

관된 실체로 고정되어 있지 않고 신체가 형성하는 연결을 통해 구성됨을 의미한다. 따라서 들뢰즈에게 신체는 탄력적이다. 우리가 안정된 신체로 상상하는 것은 진동하는 연결들의 역동적 과정의 순간적인 퇴적물일 뿐이다. 이러한 배치들을 통해 새로운 신체들이 형성되고, 이는 다시 변화하면서 새로운 신체들을 낳는다. 이것이 들뢰즈가 신체의 개념을 개체가 아닌 집합적으로 구성된 것으로 상정하는 이유다. 스피노자를 염두에 두고 들뢰즈는 신체들이 모일 때 배치가 좋을 때도 있고 나쁠 때도 있다고 한다. 여기서 좋은 마주침good encounters은 생산적이고 신체의 행위역량을 증가시키는 반면, 나쁜 마주침은 행위역량을 감소시킨다(S: 71). 들뢰즈는 생산되는 정동이 신체를 기쁘게 하기 때문에 '좋은 마주침'을 "유용한" 마주침이라고 한다(EP: 239). 좋은 만남mixture은 기쁨의 정동을 낳고 나쁜 만남은 슬픔의 느낌feelings을 낳는다. 신체들이 더 합치할수록compatible 더 큰 기쁨의 정동이 생긴다. 이것이 신체를 더 활동적으로 만들고 더 많은 연결을 형성하고, 따라서 힘이 증가된다. 이는 매우 추상적으로 들리지만, 실제로 매우 간단하며 직장 문화를 통해 설명할 수 있다. 모인 사람들이 합치한다면 기쁨의 정동이 생기고 더욱 생산적이 된다. 그들이 자본주의에 복무하는 식으로 생산적일 수 있지만, 이것이 꼭 스피노자나 들뢰즈의 관심을 끄는 바는 아니다. 오히려 그들은 '생산성'에 관한 관리 차원의 관념을 쉽게 훼손할 수 있는 우정, 아이디어, 농담과 같은 물질적이고 비물질적인 다양한 것들을 생산한다. 다른 한편 우리는 합치하지 않는incompatible 신체들의 예로서 유해한 작업장을 살펴볼 수 있다. 이런 종류의 환경에서 신체들은 기쁨의 연합을 할 수 없으며 배치도 생산성이 떨어진다. 목표는 신체들의 올바른 조합을 만드는 것이다. 그러나 우리는 어떤 신체들의 조합이 가장 큰 기쁨을 생산할지 또는 얼마나 오랫동안 합치한 채로 남아 있을지 미리 알지 못한다. 이는 신체들의 관계가 항상 역동적이고 실험적임을 의미한다.

스피노자는 어떤 결합이 합치하고 무언가가 둘(또는 그 이상)의 신체 사이에서 공유되는 바를 '공통개념'common notions이라고 한다. 이것을 동성 또는 같은 인종의 신체에게서 (예를 들어) 조화를 찾는 신체에 대한 규범적 개념으로 이해하면 안 된다. 그것은 또한 '공통감/상식'common sense과도 관련 없다. 대신 들뢰즈는 "연장 즉 운동과 정지"라는 공통개념의 예를 제시한다(EP: 276). 이는 상이한 정도로 모든 사물에 공통적이다. 들뢰즈가 경주마와 쟁기를 끄는 말이, 쟁기를 끄는 말과 쟁기를 끄는 소보다 더 다르다고 주장한 것은 이런 연유에서다. 들뢰즈는 "경주마와 쟁기를 끄는 말은 같은 정동이나 같은 변용능력을 가지고 있지 않다. 쟁기를 끄는 말은 차라리 쟁기를 끄는 소와 공통의 정동을 갖는다"라고 쓴다(S: 124). 여기서 우리는 공통성commonality이란 것이 정체성이나 분류학적 구분보다 행위를 통해 존재함을 알 수 있다.

신체에 대한 이런 이해는 정체성보다는 정동과 행동에 특권을 부여하고, 신체를 존재보다 실천의 관점에서 개념화한다. 우리는 특정한 배치에 놓인 신체의 정동능력을 이해할 필요가 있기 때문에 국지화된 상호작용의 측면에서 사유하도록 요청된다. 따라서 이러한 신체 개념은 1장에서 논의된 자유주의 휴머니즘 주체의 침투불가능성과 상반되는데, 이 주체는 정동의 영향을 주고받는 주체subject라기보다 정동의 행위자agent로 남아 있다. 체현된 개체들은 주변 환경과의 적극적 상호작용 과정에 얽혀 있기에 신체는 정체성의 기원이나 최종점으로 고려될 수 없다. 이러한 토대는 신체 간의 생산적 공간들을 강조함으로써 신체를 세계와의 역동적 연결로 이끈다. 이런 종류의 신체는 그것의 환경과 떼어낼 수 없는 그물망으로 연결되며, 신체의 형태나 내용보다 신체 간 상호작용의 우선성을 상기시킨다.

들뢰즈의 유물론적 정치학에서 사회성은 신체들의 만남mixture을 통해 구성된다. 안정적인 자율적 주체의 부재 상태에서 들뢰즈는 신체를 정치적 행동의 장소로 삼는다. 따라서 정치는 신체적 차원에 놓이지만, 들뢰즈적 체현의 집합적 본질로 인해 이것이 개인적으로 이루어지는 것은 아니다. 이는 우리가 사회적 구조를 신체 간의 마주침을 협상하는 윤리적 공간으로 생각할 수 있음을 의미한다. 이런 과정들은 글자 그대로 세계를 만드는 일인데, 신체 간의 연결이 새로운 신체들과 새로운 세계를 생산하기 때문이다. 이것이 개인이 특정한 관계 구조 안에 끼워져 있음을 의미하더라도 이러한 연합^{alignment}이 정적인 것임을 시사하지는 않는다. 대신 이러한 과정은 되기(생성)의 과정 중에 있는 한 세계의 끊임없이 변화하는 배경과 충돌하며 발생하고, 또 연결, 단절, 재연결이 요동치는 상태에 있는 다른 개체들과 함께 발생한다.

서로 연결을 형성하는 신체들이 같은 유형일 필요는 없다는 점을 기억하는 것이 중요하다. 이런 연결은 인간과 비인간을 차별하지 않으며, 다양한 실체 간 관계들의 복잡한 네트워크를 낳는다. 더욱이 들뢰즈의 신체 개념의 가장 중요한 양상 중 하나는 그것이 의인화되지^{anthropomorphic} 않는다는 것이다. 즉 이질적 부분들의 배치^{arrangement}에 의해 신체를 사유하는 것이 인간이나 유기체에 국한될 필요는 없다. 들뢰즈에게 신체는 화학적·정치적·공동적^{corporate} 또는 사회적일 수 있다. 또 그것은 유기체적이거나 인공적일 수 있다. 게이튼스는 이것이 "인간의 몸은 늘 가족, 학교, 모든 종류의 기관, 그리고 궁극적으로 정치체와 같은 더 복잡한 신체의 일부"임을 의미한다고 지적한다(2000: 66). 우리는 이런 방식으로 주체의 인간주의적 규모에 도전하는 신체를 이해할 필요가 있다. 인간의 주체성으로부터 강조점을 옮기는 것의 이점 중 하나는 시스템 내의 운동과 정지의 패턴을 살펴볼 수 있다는 것이다.

《천 개의 고원》에서 들뢰즈와 가타리는 신체에 대한 스피노자의 이해가 기관 없는 신체의 형상과 상응한다는 점을 인정한다(ATP: 170). 그런데 기관 없는 신체^{the body without organ}는 《의미의 논리》에서 먼저 소개된 후 자본주의와 정신분열증의 부제를 단 두 권의 책 《안티-오이디푸스》와 《천 개의 고원》에서 설명된다. 기관 없는 신체의 형상은 정신분열적 극작가 앙토냉 아르토^{Antonin Artaud}의 작품에서 가져온 것으로 아르토는 자신의 라디오극 〈신의 심판과 절연하기〉^{To Have Done with The Judgment of God}에서 장기 기관들의 쓸모에 대해 기술한 바 있다. 아르토는 "기관 없는 신체"를 만든다는 것은 "주체의 자동 반응"에서 해방되고 "진정한 자유"를 회복하는 결과를 가져올 것이라고 했다(1976: 571). 들뢰즈와 가타리는 몸을 탈조직화하려는 그들의 욕망에서 아르토를 따른다. 그러나 기관 없는 신체는 기관 **자체**를 거부하는 것이 아니라 기관을 유기체로 조직화하는 것을 거부하는 것이다(ATP: 175). 기관 없는 신체를 실현한다는 것은 신체로부터 장기, 시스템 및 기능 측면에서 관습적으로 신체를 조직하고 이해하는 논리를 박탈하는 것이다. 《천 개의 고원》에서 들뢰즈와 가타리는 궁금해한다. "왜 머리로 걷고, 코로 노래하고, 피부를 통해 보고, 배로 숨을 쉬지 않는 것일까?"(ATP: 167).

　기관 없는 신체는 신체에 대한 관습적 코드화와 해석을 파열한다. 기관 없는 신체는 "환상^{phantasy}과 의미작용과 주체화"가 제거된 뒤에 남는다고 들뢰즈와 가타리는 주장한다(ATP: 168). 이것은 특정 기관에 배당된 의미가 떨어져 나가는 것을 의미한다. 예를 들어 앞장에서 논의한 바와 같이, 우리는 이를 정신분석학에 의해 남성의 해부학적 몸에 귀속된 권력과 더불어 이해한다. 기관 없는 신체는 우리에게 남근이 상징적이며 가부장제 내에서 권력의 소유를 가리킨다는 사실을 상기시킨다. 따라서 남근phallus과 음경penis의 연결은 유기적이지 않다. 신체가 조직되는 방식과 신체에 배당된 의미작용은 정신분석학 내의 일관되고 젠더화된 주체성의 출현에 중요하다. 그러나 들뢰즈와 가타리는 이런 경우에 해당되지 않는다. 기관 없는 신체는 새로운 기능을 찾고 새로운 배치assemblages를 형성하려는 시도이기 때문에 남근에 귀속된 것과 같은 이전의 의미작용은 유지될 수 없으며, 그로부터 발생할 수 있는 주체화 및 일관성도 마찬가지다.

신체가 현실적이라면 기관 없는 신체는 잠재적 역량의 장소다. 들뢰즈와 가타리는 기관 없는 신체를 적극적으로 구축할 필요가 있지만 이는 조심스럽게 수행되어야 한다고 말한다. 유기체, 의미작용 및 주체화를 격렬하게 탈지층화하는destratify 것이 목적이 아니다. 왜냐하면 그것은 망가진 기관 없는 신체의 생산을 초래할 수 있기 때문이다(ATP: 168). 이는 그것의 표면적 가능성의 강도와 흐름이 서서히 멈추게 되는 것을 의미한다. 사실 기관 없는 신체는 결코 사회적 코딩의 퇴적화에서 완전히 자유로울 수 없다. 왜냐하면 그것은 세계를 조직하는 구조에 대항해(그리고 그 안에 존재하면서) 스스로를 분절해 내야 하기 때문이다. 들뢰즈와 가타리는 기관 없는 신체를 만들 때 대형 쇠망치가 아닌 줄^{file}로 작업해야 한다고 말한다(ATP: 177).

> 너는 유기체가 매일 새벽마다 혁신될 수 있도록 충분히 보존해야 한다. 너는 소량의 의미작용과 주체화를, 단지 그들의 체계에 맞서기 위해서라도, 어떤 사정이 그것을 요구할 때 즉 물건들, 사람들, 심지어 상황이 강요할 때를 대비해 보존해야 한다. 너는 또 지배적 현실에 대응할 수 있도록 적은 몫의 주체성을 충분한 양으로 보존해야 한다(ATP: 178).

기관 없는 신체는 세심한 실험을 거쳐서 만들어질 필요가 있는 어떤 것이다. 목표는 조직화된 신체부터 시작해 가능한 탈출 경로 또는 탈주선들을 찾는 것이다. 이것은 새로운 연결들과 기능들을 찾고 새로운 강도와 흐름을 생산함으로써 발생한다(ATP: 178).

기관 없는 신체로 인해 가능해진 연결들은 스피노자의 신체처럼 개체적 프로젝트라기보다는 항상 집단적 프로젝트다. 따라서 들뢰즈와 가타리는 우리가 개별 주체에 속하는 기관 없는 신체를 생각할 수 없다고 한다. 오히려 그것은 식물, 사람, 기계, 사물뿐만 아니라 이러한 모든 항목의 잡동사니 같은 광범위한 실체^{entities}와 사물로 합성된다(ATP: 179). 신체는 신체가 맺는 연결들에 의해 기본적으로 구성되기 때문에, 개별적이거나 경계 지워지거나 또는 일관된 것으로 생각될 수 없다. 이러한 신체는 항상 실험적인 배치alignment를 형성하기에 표준화되거나 규범적이고자 하는 욕망을 지니지 않는다. 이런 연결은 인간과 비인간, 유기물과 무기물, 자연물과 인공물을 차별하지 않는다. 들뢰즈와 가타리에 의하면 기관 없는 신체는 욕망이 흐를 수 있는 새로운 경로들을 실험적으로 만들어냄으로써 형성되는 일관성 또는 내재성의 평면ᵃ plane of consistency or immanence이다.[13]

들뢰즈가 스피노자로부터 가져와 가타리와 함께 발전시킨 신체 모델은 잠재적으로 페미니즘 이론에 매우 유용하다. 신체에 대한 들뢰즈의 스피노자주의적 이해와 기관 없는 신체 개념은 페미니즘이 천착할 수 있는 즐겁고 활기찬 몸을 제공한다. 우리는 들뢰즈와 가타리가 《천 개의 고원》에서 기관 없는 신체는 "쾌활함, 황홀경, 춤"(ATP: 167)으로 가득 찰 수 있다고 언급한 바를 기억해야 한다. 신체에 대한 들뢰즈의 개념은 우리가 체현하는 차이를 규범적 이상으로부터 벗어나는 정도degree를 통해서가 아니라 긍정적인 방식으로 고려할 수 있게 한다. 이는 들뢰즈가 이전의 틀과 의미작용으로부터 신체를 해방시킬 뿐만 아니라 별개의 정체성들과 관련해서라기보다 다양한 신체들이 할 수 있는 것이라는 측

[13]   [옮긴이] '일관성의 평면'은 공속면, 혼효면, 고름판, 일관성의 구도 등으로 번역되며, '기관 없는 신체'나 '추상 기계' 등 들뢰즈 철학의 기본 구도라 할 '존재의 일의성'을 뒷받침하는 주요 개념이다.

면에서 그것들에 대해 생각할 수 있는 방법을 제공하기 때문이다. 또 들뢰즈는 표준화된 모델을 따르지 않는 신체들에 대해 생각할 수 있는 긍정적 방법을 제공한다. 결과적으로 들뢰즈의 연구는 자유주의 휴머니즘이 기반한 보편적 인간성 개념에 도전하는 데 이용될 수 있다. 이 영역에서 들뢰즈 작업의 사용 가치가 명백해지는 것은 신체의 규범적 시각으로부터 관습적으로 배제되고 주변화된 신체들을 볼 때다. 우리는 이를 물론 신체들의 성별화된 구체성과 관련해 볼 수 있지만, 장애의 경우에 그것은 훨씬 더 눈에 띈다.

신체에 대한 들뢰즈의 연구는 신체의 능력과 무능력에 대해 사유하는 데 특히 유익한 것으로 알려졌다. 젠더화되고 장애를 가진 퀴어 신체에 대한 의학 담론을 분석한 연구에서 들뢰즈의 적용을 초기에 개척한 마그리트 쉴드릭Margrit Shildrick은 "서구적 상상에서 장애의 신체성은 여성의 신체와 마찬가지로 무질서하고 통제할 수 없는 것, 너무 가까이 오는 사람들의 오염을 위협하는 존재로 동시에 유혹적이면서 불쾌한 것, 질병과 연결되어 있으며 규범적 주체성을 압도할 만큼 경계가 흐릿한 것으로 널리 형상화되었다"라고 말한다(2004).[14] 여기서 쉴드릭은 여성 신체와 장애인의 신체가 문화적으로 연결되어 있음을 지적하며, 나아가 페미니

---

[14]   이 점에 관한 더 자세한 설명은 쉴드릭(2002)을 참조하라.

즘 이론은 체현을 통해 차이가 드러나는 다양하고 많은 방식을 설명할 필요가 있음을 상기시킨다. 신체에 대한 들뢰즈 연구는, 모든 행동(무-행동도 포함)이 정동을 낳는 모델을 지지하면서 신체 기능에 대한 규범적 이해를 거부하기 때문에, 장애인 신체를 긍정적으로 읽을 수 있도록 해준다. 정동능력 측면에서 신체를 생각하는 것은 신체에 대한 이해를 형태나 능력의 규범적 기준에 의존하지 않는 기준으로 전환시키기 때문에 유익하다. 모든 신체는 정동 능력을 가지고 있다. 이것은 또한 신체가 주변 환경과 접촉하고 실존하는 물질적 방식에 대해 생각할 수 있는 방법을 제공한다. 안나 힉키-무디는 지적 장애에 관한 사유에서 정동적으로 신체를 다루는 들뢰즈의 작업에서 커다란 잠재력을 발견한다.[15] 스피노자를 따라 들뢰즈가 정신과 신체의 분리를 거부하기 때문에 그의 작업은 지적 장애인의 신체를 부정하기보다 오히려 그들의 신체와 교감하는 더 복합적 방법을 제공한다. 힉키-무디는 "스피노자의 렌즈를 통해 신체는 비장애나 장애인 것이 아니라 단지 존재한다"라고 주장한다(2009: 6). 그녀는 장애인의 신체(그리고 모든 신체)가 의학 담론과 그 규범적 기준을 통해서가 아니라 그들이 생산할

---

15   지적 장애는 특히 데카르트적 정신/신체 이분법과의 관계로 인해 흥미롭다. 이런 맥락에서 힉키-무디는 "지적 장애가 있는 사람들이 어떻게 통합된 것으로 혹은 다양한 잠재력을 분절해 내는 물질적 신체들로 상상되지 못하는 지"를 기술한다. "오히려 그들의 신체성은 결핍된 마음이 그 안에서 자라난, 다루기 까다롭고 살 덩어리(fleshly packet)로 기본적으로 가정된다"(2006: 190).

수 있는 정동들을 통해 이해되어야 한다고 강조한다(2006: 195).

신체가 무엇을 할 수 있는지에 대한 이러한 강조는 장애 신체를 특정 일을 할 수 없거나 규범적 신체의 기준과 비교하여 평가할 때 실패한 것으로서 형상화하는 장애의 개념화에 도전한다. 쉴드릭은 들뢰즈를 이용하여 관습적인 장애 정치와 장애를 가진 신체에 대한 이해를 모두 비판한다. 그녀는 그가 주장하는 "신체성은 더 이상 통합적 실체의 관점에서 생각해서는 안 되며, 항상 역동적이고 혁신적인 연결들에 관여하는 것으로만 생각해야 한다. 즉 신체는 온전한 것도 부서진 것도 아니며 단순히 되기의 과정에 있다"(2013: 152)는 사실에서 큰 잠재력을 발견한다. 기관 없는 신체의 해체뿐만 아니라 이러한 신체가 형성할 수 있는 혁신적 배치의 측면에서(비인간과 무기물과의 정동적 관계를 포함하여) 신체를 이론화한 들뢰즈는 전통적으로 장애인을 배제했던 주체성의 많은 양상에 대해 도전한다. 이러한 배치의 형상은 동일성/차이, 결핍/온전함의 이분법이 풀리는 방식으로 모든 신체가 참여할 수 있다는 점에서 민주적이다. 더욱이 모든 신체의 상호관계는 규범적이든 아니든 자유주의 휴머니즘의 주체가 기반으로 하는 자기 조절과 독립의 능력을 문제화한다. 사실 상호 연결된 신체에 대한 들뢰즈의 관념은 우리 모두가 상호 의존적 존재임을 보여준다. 쉴드릭에게 들뢰즈의 작업은 시민권을 다시 상상하는 방법—정치체에 포함되기 위한 투쟁이 아니라 더 이상 장애인 신체의 배제를 전제로 하지 않는 사회적 총체성을 더욱 폭넓게 다시 상상하는 것—을 제공한다. 이것이 사회이고, 그 사회에서 장애와 관련된 윤리적 명령은 불평등을 다루는 것이 아니라 모든 신체의 근본적인 상호 연결을 인정하는 것에 대한 것이라고 쉴드릭은 주장한다(2013: 152-155).

들뢰즈의 저작은 우리에게 신체를 사유하는 새롭고 긍정적인 방법을 제공한다. 그것은 여성을 평가절하해 온 서양철학의 이분법에 대한 도전이다. 그러나 페미니즘의 과제는 여성과 신체성의 문제적 동맹alignment에 도전하는 것일 수만은 없다. 우리는 신체 자체에 관한 **사유 방식**—어떻게 신체가 의미를 생성하는지, 신체능력이 무엇이며 이것이 우리 정치에서 의미하는 것은 무엇인지—을 전환할 필요가 있다. 들뢰즈는 수동적이기보다 능동적이고 자율적이기보다 관계 구조 안에서 연결된 들뢰즈식의 신체를 제안한다. 체현에 관한 들뢰즈의 모델 덕분에 우리는 특정 신체를 그들의 순응이나 규범적 이상에 순응하는 측면에서가 아니라 신체의 행동, 행동이 가능한 배치, 그리고 그들이 될 수 있는 것의 측면에서 생각할 수 있다. 신체가 무엇**인가**가 아니라 신체가 무엇을 **할** 수 있는가의 관점에서 신체를 생각해야 한다는 제안은 정치의 근간인 자유주의 휴머니즘 주체의 안정성에 중대한 영향을 미친다. 신체가 무엇인지에 대한 질문은 신체의 규범적 모델을 보존하거나 복원하려는 사람들의 관심을 끌 것이다. 그러나 대신 체현된 행위에 초점을 맞춘다는 것은 신체가 훨씬 더 생산적으로 **할** 수 있는 일에 대한 질문을 하게 한다. 이 틀은 장애 연구뿐만 아니라 규범적 표준에 부합하지 않는 신체들에 대한 또 다른 긍정을 위해서도 매우 유용하다. 이처럼 들뢰즈는 체현된 차이가 단지 가능할 뿐 아니라 또한 긍정되는 정치에 대한 가능성을 제공한다.

들뢰즈는 성차뿐만 아니라 차이가 체현되는 다양하고 복잡한 방식에 주의를 기울이는 방법으로 신체를 이론화한다. 페미니즘이 미래에도 유의미하게 남으려면, 그 풍부함과 복잡성의 측면에서 차이의 정치에 전념해야 한다. 따라서 페미니즘 이론의 임무는 물질적 세계를 구성하는 차이를 파악하는 것이다. 이를 염두에 두고 다음 장에서는 차이에 대한 들뢰즈의 형이상학적 개념을 다루는데, 여기에는 모든 것의 토대에 동일성보다 차이가 존재한다.

5장

차이
Difference

개념으로서 '차이'difference는 구분되는 두 사물 간의 변이variation를 의미하는 것으로 일반적으로 이해된다. 우리는 이를 《옥스퍼드 영어사전》의 항목 '다른'different의 정의에서 볼 수 있다. "서로 갈라지는divergent 특징 혹은 성질을 가진; 같지 않거나 구분되는 속성을 가진; 같은 종류가 아닌; 같지 않은; 다른 본성, 형식, 혹은 성질의." 이런 정의는 차이가 관습적으로 이해되는 방식에서 비교가 얼마나 중요한지를 보여준다. 이러한 틀 내에서 여성 개념은 남성과 관련해, 남성의 정체성과 구분되는 성적 성체성을 가진 주체로 이해된다. 하지만 들뢰즈의 차이 개념은 이런 전통적 정의와 근본적으로 불화한다. 그의 1968년 저서 《차이와 반복》은 '차이'라는 그의 복잡한 개념 그리고 아마도 그의 작업 전반을 이해하는 열쇠다. 이 텍스트에서 들뢰즈는 차이에 대한 길들여지고 관습적인 정의에 관심을 가지지 않는다. 좀 더 넓은 차원에서, 그가 차이의 철학의 목표 혹은 기획으로 설정하는 것은 차이의 헐벗은 형식으로 생각되는 것으로부터 차이를 '구원'하는 것이다(DR: 29). 그는 동일성identity, 대립opposition, 유비analogy 혹은 유사성resemblance을 넘어 차이를 사유하는 방식을 찾고 싶어 한다(DR: 29). 단지 이러한 범주들로 차이를 개념화하는 것은, 그가 특히 관심을 가지는,

더 깊은 차원의 차이를 무시하는 것이기 때문이다. 들뢰즈는 차이에 대한 이런 제한된 틀 아래 "차이의 우글거림, 자유롭고 야생적이고 길들여지지 않은 차이들, 또는 고유하게 미분적(차이생성적)이고 기원적인 공간과 시간"이 놓여 있다고 주장한다(DR:50). 우리가 사물 간의 관계를 통해 차이를 이해하기 때문에 차이에 대한 적합한 관념을 가지지 못한다는 것이다. 그가 분명히 말하고자 하는 것은 그가 "순수 차이"pure difference라고 부르는 차이 그 자체의 개념이다(DR: xx).

들뢰즈는 존재의 토대에 있는 것은 동일성이기보다 이러한 차이라고 주장한다. 이는 우리가 그의 작업에서 도출할 수 있는 정치가 정체성 정치identity politics[1]—페미니즘이 상상되어 왔던 주요 방식 중 하나—일 수 없음을 의미한다. 페미니스트들은 늘 동일성과 차이에 관한 관념들에 대해 협상해 왔다. 이는 영미 페미니즘의 다양한 의제들, 예를 들어 차이를 지우려는 평등주의 페미니즘적 강령, 여성과 남성의 다르게 신체화된 구체성에 대한 본질주의의 호소, 혹은 제3물결 페미니즘에서 동일성 범주와 정치적 토대로서의 '여성'의 중요성에 대한 논쟁에서 명백하다. 이 장은 차이에 대한 들뢰즈의 혁명적 개념의 개요를 설명한다. 다음으로 구조

[1]　[옮긴이] 'identity'는 동일성과 정체성의 의미를 동시에 지닌다. 'identity'가 'difference'(차이)와 반대되는 개념으로 쓰일 때는 '동일성'으로, 'identity politics'에서처럼 젠더·계급·인종 구분에 따른 차이를 의미할 때는 '정체성'으로 번역했다.

와 발생에 대한 관념들, 즉 정합성coherence을 이루는 기존 구조와 발생적 차이와 분자적 생성을 낳는 와해 능력 간의 긴장을 살펴본다. 마지막으로 어떻게 정체성 위치identity positions가 우리의 복잡한 동일시identifications에 의해 늘 파편화되는지, 그렇게 개체가 차이와 동일성의 교차적intersectional 본성을 협상해야 하도록 결정되는지를 검토하면서 마무리한다.

순수 차이

《차이와 반복》은 들뢰즈 자신의 독창적인 철학적 입장이 드러난 텍스트다(DR: xv). 그러나 차이와 반복에 대한 그의 개념은 부분적으로 다른 철학자들의 작업에 대한 비판을 통해 나타난다. 이는 이 책의 첫 장을 통해 확인할 수 있는데, 여기서 그는 아리스토텔레스, 헤겔, 라이프니츠, 플라톤 등 네 명의 철학자와 자신을 구분함으로써 차이에 대한 자신의 정식화formulaiton에 도달한다. 이러한 철학자들에 대한 그의 비판은 그들 작업에서 동일성이 차지하는 자리에 집중되어 있다. 예를 들어, 그는 차이에 대한 아리스토텔레스의 이해가 사물을 서로 다른 집합 혹은 범주로 분할하는 데 있음을 비판한다(DR: 33). 차이에 대한 이런 식의 사고는 너무 정적이어서 사물이 어떻게 시간에 따라 달라지는지 고려하지 않기에, 결국 그러한 범주화는 문제적일 것이다. 들뢰즈에 따르면, 차이에 대한 아리스토텔레스의 이해는 이전 개념들의 포함 comprehension에 의존하며, 따라서 동일성을 차이 이전에 두면서 재현에 종속된다(DR: 31-32).

들뢰즈가 헤겔과 라이프니츠를 비판하는 이유는 그들이 동일성을 절대적인 것으로 만든다고 느끼기 때문이다. 그들은 이를 각기 다른 방식으로 수행한다. 헤겔의 차이는 무한히 큰 반면에 라이프니츠의 차이는 무한히 작다. 헤겔에 대한 그의 비판은 《차이와 반복》에서만이 아니라 그의 저서의 많은 부분에서 명백히 드러난다.[2] 철학사에 대한 그의 초기 저작들, 특히 스피노자, 니체, 베르그손에 대한 저서들은 서구 사상의 정전을 통해 헤겔의 지배를 넘어서려는 시도이며, 들뢰즈 자신의 철학을 다른 대안적 철학자들의 혈통에 놓는 것이었다. 들뢰즈는 헤겔이 차이를 변증법적 모순으로 형상화함으로써 무한히 큰 것으로 개념화했으며, 결국 차이를 절대적인 최고치에 둔다고 주장한다(DR: 44). 나아가 그는 헤겔의 변증법 내에서 사물이 그것이 아닌 것에 대항해 구성되기 때문에 이러한 부정을 그것의 동일성의 일부분으로 가져간다고

2　　철학사, 특히 스피노자와 니체에 대한 들뢰즈의 작업 중 헤겔의 위치에 대한 논의로는 마이클 하트의 《들뢰즈 사상의 진화》(갈무리, 2004, 원서는 1993년 출간)를 참조하라. 들뢰즈의 《스피노자와 표현 문제》(그린비, 2019), , 《스피노자의 실천철학》(*Spinoza: Practical Philosophy*, 1988), 《니체와 철학》(민음사, 2001), 《베르그손주의》(*Bergsonism*, 1991), "차이에 대한 베르그손의 개념"(Bergson's Conception of Difference, 2000a)을 참조하라.

주장한다. 이런 식으로 헤겔은 차이를 모순 안에 가둔다(DR: 49). 좀 더 넓은 맥락에서 들뢰즈는 헤겔이 긍정적 위치를 위해 우선시하는 부정negation의 중심성을 거부한다. 들뢰즈는 헤겔의 '큰' 차이들을 비판하는 한편 라이프니츠가 제시하는 '작은' 차이들 역시 거부한다. 헤겔이나 아리스토텔레스와 달리 라이프니츠는 차이를 모순으로 개념화하지 않는다(DR: 46). 그에게는 늘 차이의 더더욱 작은 단위들이 현존하며, 이들은 정수 사이에서 증가하는 식으로 실존하기 때문이다. 이렇게 무한히 작은 차이들은 결정성finality을 비껴가며, 늘 우리가 잡을 수 없는 곳으로 물러난다. 들뢰즈와 마찬가지로 헤겔과 라이프니츠는 차이의 중요성을 내세우지만, 그는 그들의 위치가 궁극적으로 동일성의 논리에 갇혀 있다고 결론짓는다(DR: 50).

또 들뢰즈는 플라톤에 대한 비판을 통해 차이 그 자체에 대한 자신의 개념을 개진하는데, 특히 플라톤의 시뮬라크르 개념의 재정식화를 통해 이를 수행한다. 플라톤에게 세계는 이데아로 이루어진 이상적 영역으로 갈라져 나가는데, 이데아는 충실한 사본 형태인 실재 사물(선)과 타락한 시뮬라크르(악)의 형태로 재생산된다. 이것은 위계적 체계로서 여기에서 차이는 원본과 사본을 구분하고 또 선한 사본과 악한 사본을 판단하며 실존한다. 들뢰즈는 이런 버전의 세계를 받아들일 수 없는데, 이 세계는 그가 내재성 immanence을 위해 제거하려는 초월성transcendence에 기반하며, 또 차이

가 사물의 내적 특징이기보다 외적 특징으로 작용하기 때문이다
(DR: 66). 들뢰즈에게 이념은 플라톤에서처럼 이산적discrete이지 않
으며, 다양체multiplicities로 존재한다. 이런 이념들은 충실한 사본을
생산하지 않으며, 시뮬라크르를 생산하는 미분적(차이생성적)인 것
이다. 이는 그의 차이의 철학과 어울리는데 왜냐하면 "차이가 차
이 그 자체를 통해 차이와 관계 맺는 체계들이 시뮬라크르의 체
계"이기 때문이다(DR: 277). 이러한 형상화에서 시뮬라크르는 본
래적 이데아의 타락한 사본이 아니며, 사본이 근거하는 원본이 본
래 있다는 개념을 허문다. 따라서 들뢰즈의 세계에서 원본과 사본
간의 차이를 평가하는 것은 의미가 없으며, 결과적으로 그는 차이
를 평가로부터 해방시킨다.

　　다른 철학자들의 작업에 대한 부정적 비판과 함께, 차이에 대
한 들뢰즈 자신의 더욱 자율적인 위치가 나타난다. 그는 차이를
분류와 비교를 통해 나타나는 어떤 것으로 개념화하는 대신, 그
자체로 능동적인 차이의 순수한 형태를 주장한다. 그의 전반적인
비판은 역사적으로 사물들의 토대에 동일성이 있다고 전제되어
왔다는 것이다. 들뢰즈는 이런 개념을 뒤집으면서 형이상학적 우
선성을 갖는 것은 동일성이 아니라 차이라고 주장하며, "모든 것
의 이면에는 차이가 있지만, 차이의 이면에는 아무것도 없다"라고
쓴다(DR: 57). 이것은 세계에 동일성이 없다는 것이 아니라 단지
동일성이 **우선적으로 존재하는** 차이로부터 나옴을 의미한다.

차이의 역동적 본성에 대한 들뢰즈의 접근은, 차이가 어떻게 시간을 통해 펼쳐지는지를 증명해 보이는, 반복에 대한 그의 작업을 통해 전개된다. 《차이와 반복》에서 그는 즉자적 차이difference in itself [3]에 대한 개념을 이론화한 후 즉시 대자적 반복repetition for itself을 제안한다. 그는 《니체와 철학》(민음사, 2001)에서 이미 반복의 문제를 다뤘는데, 차이에 관한 그의 많은 개념도 여기서 나왔다. 이 책은 영원회귀eternal return에 대한 그의 천착을 잘 보여준다. 영원회귀는 《차이와 반복》에서 "차이나는 반복"for-itself of difference으로 묘사된다(DR: 125). [4] 반복에 대한 들뢰즈의 작업은, 차이에 대해 그가 했던 작업과 비슷하게, 반복의 관습적 의미에 도전하면서, 반복을 변하지 않는 복제의 개념을 넘어 이해하도록 한다. 니체에 대한 저서에서 그는 영원회귀의 형상figure을 수정하면서, 영원회귀를 똑같은 것이 재생산되는 메커니즘(이전 동일성의 반복)이기보다 차이를 생성하는 것으로 그린다(NP: 46). 들뢰즈는 "영원회귀의 주체는 같은 것이 아니라 다른 것, 비슷한 것이 아니라 비슷하지 않은 것, 하나가 아니라 여럿, 필연이 아니라 우연이다"라고 쓴다(DR: 126).

　이는 그가 동일성보다 차이의 토대적 본성에 집중했다는 문맥에서 볼 때 그 의미가 살아난다. 영원회귀는 모든 것 아래 순수

3　　　[옮긴이] "즉자적 차이"는 "차이 그 자체"로도 번역된다.

4　　　[옮긴이] 차이의 대자성을 의미한다.

차이가 존속하는 세계에 실존하며, 되풀이되는 것은 동일성이기보다는 순수 차이다. 영원회귀는 세계를 구성하는 경쟁적 힘들을 배경으로 개념화된다. 그것은 (열등한) 반동적 힘보다는 (우월한) 능동적 힘의 선별을 요구한다. 니체는 차이를 긍정하고 그럼으로써 행동하는 능력을 증가시키는 힘을 능동적active이라 부른다. [반면] 수동적이면서 다른 힘을 부정하는 힘을 반동적reactive이라 부른다. 들뢰즈가 헤겔 그리고 부정성과의 전투에서 니체를 동원할 수 있는 것은 이러한 부정성에 대한 거부를 통해서다. 들뢰즈는 주사위 던지기의 예를 통해 드러나는, 영원회귀에서 우연의 역할에 대한 니체의 논의를 중요하게 여긴다(NP: 26). 훌륭한 주사위 놀이 선수는 늘 자동으로 이기는 숫자를 굴리는데, 왜냐하면 그들은 이미 모든 가능한 숫자 조합을 받아들였으며 따라서 우연의 역할과 그것의 필연성을 긍정하기 때문이다. 영원회귀는 같은 것의 귀환이 아니며, 예상할 수 없고 실험적인 것이다. 차이의 반복에서 영원회귀는 2장에서 다뤘던 '되기(생성)'의 부분적 원동력이다. 들뢰즈는 영원회귀를 "되기(생성)의 존재"로 묘사한다(NP: 24). 아이러니하게도 이것의 의미는 차이가 단지 되돌아오는 '같음'이라는 것이며, 그것은 영원히 되돌아온다.

영원회귀가 차이를 보장하는 것이라 하더라도, 들뢰즈는 이를 또한 "존재의 일의성, 일의성의 효과적인 실현"이라고 묘사한다(DR: 41). 처음에 이는 모순처럼 보일 수 있다. 어떻게 무언가가 끝없는 차이를 생산하면서 하나의 목소리로 표현될 수 있는가? 들뢰즈는 일의성의 관념을 중세 철학자 둔스 스코투스^{Duns Scotus}에게서 끌어오며, 하나의 독특한 실체로 이루어진 세계를 이론화하기 위해 스피노자와 니체에 대한 그의 독법으로 일의성^{univocity}의 관념을 강화한다(DR: 39-41). 스피노자의 저작에서 이는 존재의 외부 혹은 밖에는 아무것도 없다는 관념에서 명백히 드러난다. 우리는 이를, 신과 세계가 같은 실체⁵로 이루어져 있기에 차이가 없다는 스피노자적 관념에서 볼 수 있다. 이런 식으로 신은 자연을 통해 우리에게 나타나고, 반대로 자연은 신의 표현이다. 비록 스피노자가 이러한 개념으로 인해 공동체에서 추방되기는 했지만, 우리는 여기서 온 누리에 가득한 신성의 개념화를 쉽게 볼 수 있다. 들뢰즈의 작업에서 차이의 개념과 그것의 표현은 비슷한 방식으로 그려진다. 세계는 차이에 대한 표현에서 일의적이다. 이것은 잘 알려진 대로 "존재의 함성을 외치는" "하나의 목소리"로 묘사된다(DR: 35). 일의적 실체는 그것의 밖 혹은 너머에 있는 어떤 것과도 관계 맺지 않은 채 끊임없이 자신을 표현한다. 이런 식으로 세계는 끊임없이 다르게 되어간다. 이미 주어진 소여가 안정적인 범주로 응고되는 것을 순간적인 것으로 만들면서 말이다. 따라서 통일성^{unity}은 차이를 표현한다. "존재는 그것이 말해지는 모든 것

---

5   [옮긴이] 여기에서 실체는 스피노자적 의미의 신으로서의 실체가 아니라 구성 물질이라는 일반적인 의미를 갖는다

에 대해 단일하고 같은 의미로 말해진다. 하지만 그것이 말해지는 바는 다르다. 그것은 차이 자체에 대해 말해진다"고 들뢰즈는 쓴다(DR: 36).

들뢰즈 존재론의 주요한 관심 중 하나는 이러한 순수하고 일의적인 차이가 어떻게 표현되는가 하는 것이다. 차이의 현현에 대한 이러한 설명을 통해 그는, 차이와 반복의 존재론이 존재의 규정되지 않은 흐름이 되는 잠재적 문제를 극복할 수 있게 된다. 차이에 대한 들뢰즈의 개념은 변증법적이다. 이 변증법은 대립과 부정에 의해 구조화되고 들뢰즈가 도착적^{perverse}이라고 묘사한, 헤겔적 변증법과는 다르다. 대신 들뢰즈는 미/분화$^{different/ciation}$의 과정^{6}과 문제들과 이념들의 관계를 통해 변증법을 정식화한다. 이런 과정을 이해하기 위해 먼저 들뢰즈가 현실성$^{the\ actual}$과 잠재성$^{the\ virtual}$—베르그손을 이어, 가능성$^{the\ possible}$과 실재성$^{the\ real}$의 구분 대신 그가 이용하는—을 어떻게 이론화하는지 살펴봐야 한다. 이러한 [실재성/가능성 구분에 대한] 거부는 가능성의 한계에 기반하고 있는데, 가능성이 실재성에 대립되는 위치에 놓일 때 사실 가능성은 실재성과 개념적으로 동일하며 단지 현실^{reality}이 결핍되어 있기

---

6   [옮긴이] 들뢰즈는 differenCiation(분화)란 신조어를 만들어 미분적(차이생
         성적) 차이를 의미하는 différenTiation과 구분한다. 즉 différenTiation이 잠
         재성 차원의 분자적 차이 혹은 미분화된 차이를 의미한다면 différenCiation
         은 현실성 차원의 몰적 차이, 분화된 차이라고 할 수 있다. 미분화된 차이가
         미분적 비율을 이루면서 분화된 차이가 되는 과정을 지칭하는 개념/단어가
         위에서 언급한 differen/ciation이다.

때문이다. 들뢰즈는 가능성과 실재성의 관계를 유사성과 한계의 관계로 형상화한다. 그가 이렇게 재현하는 이유는 가능성과 실재성 사이의 움직임이 일종의 실현이라 하더라도 그것은 가능성에 이미 실존하는 것의 실현이지 새로운 어떤 것을 창조하는 것은 아니기 때문이다(DR: 211). 가능성/실재성의 이분법적 구조는 베르그손과 들뢰즈가 높이 평가하는 종류의 차이의 가능성을 배제하는데, 왜냐하면 그것은 기존의 가능성들에 의존하고 동일성을 특권화하기 때문이다. 게다가 이러한 가능성은 실재성이 실현된 후 거꾸로 투사된다. 따라서 들뢰즈는 "가능성을 닮은 것이 실재성이 아니라 실재성을 닮은 것이 가능성이다. 가능성은 이미 만들어진 실재성으로부터 추상화되었기 때문에, 불임의 분신sterile double처럼 실재성으로부터 자의적으로 추출되었기 때문이다"라고 쓴다(B: 98). 가능성의 문제는 그것이 실재성에 의존한다는 데에 있다.

베르그손이 말한 가능성과 실재성에 대한 들뢰즈의 대안적 구별은 잠재성과 현실성이다. 들뢰즈에게 잠재성과 현실성은 모두 실재적인데, 비록 현실성만이 물리적 형식을 지닌다 하더라도 그렇다.[7] 이러한 개념들의 분리는 서로 영구적으로 연루되어 있고, 항상적 상호작용과 상호 형성의 과정에 걸려 있기에, 완전

---

[7]   [옮긴이] 다시 한번 정리하자면 들뢰즈에게는 현실성과 잠재성이 모두 실재성에 속한다. 잠재적인 것도 실재적이라는 것이다. 이런 구분은 그러나 후기작 《주름: 라이프니츠와 바로크》(문학과지성사, 2004)에 와서는 다소 다른 맥락에서 논의된다.

히 정확하지는 않은 이중성duality을 제시한다. 들뢰즈는 이를 회로 circuit로 묘사한다(D: 151). 잠재성/현실성 구조는, 생성(되기)이 현실성에서 현실성으로 움직이는 것이 아니라 잠재성과의 더욱 복잡한 관계와 관련되기에 중요하다. 이것[잠재성/현실성 구조]은 들뢰즈 작업에서 생기론vitalism의 일부분을 이루는 미/분화different/ciation의 과정을 가능하게 한다. 그는 "생명은 차이의 과정이다"라고 쓴다(BCD: 50). 미/분화의 과정은 잠재성과 현실성의 관계를 묘사하는 복잡한 체계다. 미분화differentiation는 잠재성에서 이념의 상호 규정적 관계이고, 분화differenciation는 잠재적 이념이 현실화되는 운동이다. 이런 과정은 잠재성에서 발생하며, 이념들ideas, 독특성들singularities, 그리고 각각을 미분하는 문제들problem의 미분적(차이생성적) 관계로 구성된다. 집합적으로 이들은 현실적인 것의 분화를 통해 하나의 반응을 발생시킨다(DR: 207). 이념의 잠재적 영역은 문제들이 발생하는 미분화differentiation의 미분적(차이생성적) 공간이다. 주목할 만한 것은 미분화도 분화도 부정을 함축하지 않는다는 것이다(DR: 207).

들뢰즈가 각각 재현representation과 일관성consistency에 해당하는 가능성/실재성 구조보다 잠재성/현실성 구조를 선호했던 이유는 분명하다. 잠재성은 현실성을 닮지 않았기 때문에 발산divergence이 우선시된다. 잠재적 이념으로부터 현실화된 형식으로의 움직임은 동일성의 움직임이 아닌데, 왜냐하면 이것은 가능성을 통

합하는 구조가 아니기 때문이다(DR: 191). 따라서 이념은 "발산
적 선들"(DR: 212)을 따라 현실성에서 새로운 어떤 것으로 나타날
것이다. 잠재성에서 현실성으로의 움직임은 차이와 창조를 특권
화한다. 이런 식으로 들뢰즈는 베르그손에게서 물질의 역동주의
dynamism를 이론화하는 방법을 끌어온다. 만일 우리가 현실화된 것
들만 검토하고 그것들이 현실화되는 과정을 무시한다면, 우리는
단지 정도degree의 차이만 보거나(B: 101), 사물이 어떻게 서로 다른
가만을 볼 것이라고 들뢰즈는 주장한다. 우리는 자율적이고 실증
적으로 표현된 차이를 개념화하는 방법들을 찾아야 한다.

　들뢰즈가 도달한 차이의 개념은 외적인 비교나 모순을 통해
서가 아니라 존재의 내적 고유성을 통해 드러난다. 들뢰즈에게 차
이는 창조적이고, 독특하며, 유전적이고, 미분적(차이생성적)이다.
차이는 기존의 구조를 통해 발생하지 않는데, 왜냐하면 스스로를
생산할 수 있는 능력을 이미 가졌기 때문이다. 구조는 발생에 선
행하지 않으며, 유전적이고 분자적인 차이들을 조직하는 방법으
로 발생한다. 들뢰즈가 제시하는 것은 근본적으로 미분적(차이생
성적) 존재론differential ontology이다.[8] 들뢰즈에게 차이들 간의 상호작
용은 더 많은 차이를 생산한다. 차이는 상호 규정의 관계적 구조
로 실존하면서, 부정이 어떤 구성적 힘도 지니지 못하는 현현의

8　들뢰즈의 미분적(차이생성적) 존재론에 대한 좀 더 자세한 논의로는 스타크
　(2015)를 참조하라.

.

체계를 제시한다. 들뢰즈는 대립과 부정, 모순의 논리 대신 차이가 상호적 종합reciprocal synthesis을 통해 현현한다고 암시하는데, 이러한 상호적 종합에 의해 각 구성요소에 내적인 차이들이 표현된다.

들뢰즈는 정적인 존재 개념에는 관심이 없으며, 대신 차이가 하는 일에 대한 존재론적 인식을 발전시키고자 한다. 그래서 존재보다는 생성(되기)의 역동성을, 동일성의 반복보다는 차이의 반복에 주목한다. 들뢰즈에게 차이는 근본적으로 발생적이다. 대니얼 스미스Daniel Smith는 들뢰즈의 존재론을 "존재=차이=새로움"이라고 정확히 요약한다(2007: 3). 그는 새로움의 개념을 변화, 인과성 혹은 출현 같은 연관 개념과 구분하는데, 이것은 들뢰즈적인 '새로움'이 가장 근본적인 존재론적 차원에서 작동한다는 그의 이해에 근거한다(2007: 3). 들뢰즈에게 차이는 존재의 조건이지만, 차이는 생성(되기)으로서 창조적으로 자신을 현현한다. 이렇게 새로움이라는 급진적인 개념은 그 개념의 실증적 연합association을 벗겨내야 하는데, 왜냐하면 이 개념은 진전progress과 상호 연결될 수 없기 때문이다. 차라리 새로움은, 들뢰즈가 차이의 영원회귀를 차이와 반복을 통해 이론화할 때처럼 피할 수 없는 것이다. 다음 부분에서는 차이에 대한 들뢰즈의 역동적 개념이 정치적 재현representation[9]에

---

[9]   [옮긴이] 'representation'은 인식론적으로는 '재현' 혹은 '표상'의 의미가 강하지만 이를 정치적인 용어로 번역할 경우 대표성, 대표의 의미를 지니며, 따라서 'political representation'은 정치적 재현 또는 정치적 대표성으로 번역될 수 있다. 앞서 표현(expression)이나 현현(manifestation)의 문제가 잠재성

대해 우리가 사유하는 방식에 어떤 의미를 지니는지 검토하겠다. 이는 구조와 발생의 긴장이 들뢰즈의 작업에서 펼쳐지는 방식 중 하나다. 정치는 그가 제시하는 야생적이고 길들여지지 않은 차이 의 끊임없는 흐름을 담는 하나의 틀이기 때문이다.

정체성과 정치적 재현

들뢰즈의 차이와 반복의 존재론은 정치와 관련된 페미니즘 이론의 개념화에 여러 구체적인 문제를 제기한다. 이중 가장 중요 한 것은 그의 차이의 철학이 또한 동일성(정체성)에 대한 비판이 라는 것이다. 이 문제가 어려운 것은, 우리가 정치에 대해 말할 때, 정치가 재현(=대표성)을 위해 투쟁하는 특정 정체성 집단과 연루 되어 있음을 종종 전제한다는 것이다. 역사적으로 페미니즘이 대 표한다고 여겨졌던 집단은 '여성들'이다. 들뢰즈의 작업과 관련해 이는 문제적인데, 왜냐하면 그에게 정체성/동일성은 토대적 범주 가 될 수 없기 때문이다. 대신 동일성(정체성)은 실제로 일어나고 있는 일의 이차적이고 임시적인 효과, 즉 차이로서의 존재의 끝없 는 확산으로 실존한다. 이것은 세계가 우선적으로 차이들로 이루

에서 현실성으로의 이행 차원에서 논의되었다면, 정치적 재현(representa-
tion) 문제는 현실성 차원에서 대표(성)의 문제를 제기한다.

어져 있고, 다만 가끔 이 차이들이 동일성(정체성)의 효과를 낳는 패턴들로 침전된다는 것을 의미한다. 기억해야 할 것은 우리가 세계를 볼 때 차이보다 동일성을 주시한다 하더라도, 이러한 동일성이 형이상학적이고 본질적인 지위를 가진다거나 시간이 흘러도 변하지 않을 거라고 상상하는 실수를 해서는 안 된다는 것이다. 이것은 들뢰즈적 페미니즘이 정체성 정치가 될 수 없음을 의미한다. 정체성에 대한 거부가 정치적 재현의 개념화에 있어 어려움을 낳지만, 또한 이는 페미니즘이 다양한 방식으로 차이에 열려 있도록 해준다.

　동일성과 차이에 대한 물음들은 늘 페미니즘 이론의 난제였다. 제1물결 페미니즘과 제2물결 페미니즘에 걸쳐 안정된 정체성 위치identity position[10]로 상정되었던 여성 개념은 상대적으로 옹호하기 쉬웠다. 하지만 전반적으로 차이를 중요하게 여기는 제3물결의 탈구조주의 페미니즘에서 여성의 선천적이거나 본질적인 정체성을 주장하는 것은 더욱 어렵다. 이런 페미니스트들은 페미니즘 정치학을 정초하기 위해 '여성' 범주의 사용가치에 대해 논의했다. 만일 젠더와 섹슈얼리티가 사회적 구성물로 여겨진다면, 페미니즘 정치학의 토대로서 논란의 여지가 없는 '여성'은 있을 수

10 　　[옮긴이] 뒤에서 더 자세히 설명되겠지만, 개인의 정체성(=동일성, identity)은 구조적 차원에서 보았을 때 구조 내의 위치(position)에 해당되기에 '정체성 위치'라는 개념이 성립하며, 페미니즘에서 중요한 개념으로 활용된다.

없으며, 이전의 공통된 속성들과 공유된 정체성에 기반했던 운동에서 여성은 문제적 개념이 된다. 이러한 교차성^{intersection}에 긴요한 물음들은 다음과 같다. 성적 주체^{sexed subject}의 와해 후에 페미니즘 정치를 구성할 수 있도록 남겨진 구성 요소들^{building blocks}은 무엇인가? '여성'은 어떻게 고정되고 본질적인 정체성들의 밖에서 사유될 수 있을까?

제3물결 페미니스트들이 성^{sex}, 젠더, 그리고 섹슈얼리티가 문화적 구성물임을 주장했을 때 그들은 현재 가부장제 내에서 젠더와 섹슈얼리티의 조직화와 이런 범주들의 속성으로 여겨지는 문화적 의미들이 불변한 것이 아님을 상기시킨다. 게다가 정치적 기반으로 정체성 범주를 이용하는 것은 포함과 배제의 문제적 체계에 기반한 것이다. '여성' 범주의 확실성은, 성과 젠더가 정의되는 여러 다른 방식들—해부학적으로, 염색체적으로, 물리적 외양으로, 혹은 자기-동일시를 통해—로 인해 이미 늘 논쟁의 대상이다. 버틀러는, 우리가 '여성'과 같은 범주를 이용할 때 이 범주가 어떻게 구성되고 또 불안정한지 뿐만 아니라 어떻게 미래에 다르게 배열될^{configured} 수 있을지에 주의를 기울여야 함을 경고한다. "따라서 페미니즘의 주체를 해체한다는 것은 그것의 이용을 비난하는 것이 아니라 반대로 그 단어를 다양한 기호작용들의 미래로 풀어내고, 그것을 제한했던 모성적 혹은 인종적 존재론으로부터 해방시키며, 기대치 않았던 의미들을 지니게 되는 놀이의 장소가 되도록 하는 것이다"라고 버틀러는 쓴다(1995: 50). 이는 페미니즘이 여성을 **위한** 것 혹은 여성을 **위해야만** 하는 것이라 상상하는 것이 여전히 핵심적인지에 대한 물음을 묻게 한다. 페미니즘 같은 정치적 운동에서 여성이 남성으로부터 자율성을 찾는 것이 역사적으로 중요했다는 것은 의심할 여지가 없다. 하지만 이제는 페미니즘을, 우리 사회에서 가부장제가 작동하는 문제적 방식들에 도전하는 모든 이들이 함께하는 사회적 기획으로 볼 때가 온 것 같다.

들뢰즈가 견고한 동일성(정체성) 범주들에 대한 비판을 제3물결 페미니즘과 공유함을 고려할 때, 그의 작업이 제3물결 페미니즘 기획에서 가장 온전히 동원된 것은 놀랍지 않다. 사실 들뢰즈의 작업은 역동적인 차이의 페미니즘 정치학에 유용한 다양한 도구를 제공한다. 그렇기에 그의 작업이 단지 정치적 정적주의quietism나 물질적 현실과 동떨어진 추상적 정치학만 제공한다고 생각하는 것은 잘못일 것이다. 오히려 들뢰즈의 작업은 그의 차이와 반복의 존재론에 적합한 정치적 개념들을 찾도록 우리를 밀어낸다. 들뢰즈적 정치학은 따라서 근본적으로 현실을 다루며, 단지 현실에 대한 들뢰즈의 관념이 다른 대부분의 관념보다 더 복잡할 뿐이다.

들뢰즈는 어떻게 차이가 형이상학적인 차원에서 작동하는지 말하지만, 우리는 그의 관념을 우리의 물질적이고 정치적인 상황에 대한 고언으로 이용할 수 있다. 들뢰즈의 작업은 정체성 정치

대신 차이의 정치politics of difference의 가능성을 제시한다. 이런 정치학
은 우리의 공통점보다 어떻게 서로 다른지에 관심을 가지며, 미분
화differentiation, 불균등성disparity, 유동성flux, 되기becoming의 세계를 다룬
다. 토드 메이Todd May는 그의 책《차이를 다시 생각한다》*Reconsidering
Difference*에서 정치적 개념으로서 차이의 핵심적 중요성을 역설하면
서, 제2차 세계대전 이후 대부분의 프랑스적 사유는 어떻게 차이
가 배치되고 가치화되는지에 관심을 가진다고 주장한다(1997: 2).
메이는 차이의 철학에 관심이 있지만, 그의 논의들은 홀로코스트
나 인종주의, 종교 근본주의와 인종청소같이 사건들에 나타난 철
학 체계의 함의에 관한 주장들을 통해 역사적으로 구조화되어 있
다. 그는 이런 차이에 대한 끔찍한 몰살을 마주하면서 "우리는 차
이와 차이들의 물음, 어떻게 차이들을 이해하고 어떻게 차이들을
존중할 것인가에 대한 물음에 이전보다 훨씬 더 집중할 필요가 있
다"고 주장한다(1997: 9). 하지만 폴 패튼Paul Patten에게 이는 모든 차
이를 승인하는 물음이 아니다. 왜냐하면 차이는, 차별을 없애고자
하는 진보적 의제만큼이나 차별적 정치에 쉽게 가져다 쓸 수 있기
때문이다(2000: 46). 그는 다음과 같이 쓴다.

> 차이의 정치학은 존재론적·윤리적·정치적 의미에서 차이
> 의 개념적 규정 그리고 관련된 차이의 종류들의 구체화를 요구
> 한다. 이것이 프랑스의 차이의 철학자들이 차이의 정치학을 지

원해 왔던 방식이다. 그들은 차이를 전제된 동일성과 관련해
이차적이고 파생적이며 결핍된 것으로 다루기를 거부했을 뿐
아니라, 개별적 차이들의 자율성에 대한 개념적 근거를 제공하
고, 성이나 인종 같은 구체적 차이들을 하나의 중심적 차이나
사회적 모순으로 다뤘던 환원주의의 형식들을 거부한다(2000:
46).

들뢰즈의 철학이 차이의 정치학에 유용한 중요한 이유가 적어도
세 가지 있다. 우선 패튼이 암시하듯이, 차이 자체에 대한 들뢰즈
의 개념화는 차이를 존재의 토대에 둠으로써 차이에 형이상학적
지위를 부여하고, 어떻게 사물이 변화와 변신에 종속되어 있는지
를 늘 설명해야 함을 상기하기에 긴요하다. 둘째, 차이를 동일성
에 종속될 수 없는 방식으로 재형상화함으로써 이것/저것[either/or],
규범/일탈, 우리/그들 같은 이분법적 배치를 거부한다. 셋째, 그가
제안하는 종류의 차이는 현재의 동일성에 기반하는 것이 아니며,
대신 추상적이고 미분적(차이생성적)이다. 이것이 바로 들뢰즈식의
차이의 정치학을 미래로 열린 것으로 만든다. 예를 들어, 이 문제
를 젠더와 관련해 살펴볼 경우, 이는 성적 차이가 인위적으로 이분
화된 남성과 여성의 개념으로 제한될 필요가 없으며, 대신 이를 통
해 다양한 성적 형태론의 연속체—물질적 현실에서 실존할 뿐 아
니라 미래에 실존할 수 있는—가 가능해짐을 의미한다.

들뢰즈의 차이의 정치학은 일면 소수자 정치학이다. 2장에서는 다수자majoritarian와 소수자minoritarian의 개념을 다뤘다. 나는 다수자가 통계적 개념(최대한의 사람을 포함하는 범주)이 아니라 측정의 규범적 기준임을 설명했다. 이 경우 다수자는 사회에서 최대의 권력과 특권을 부여받은 사람들, 즉 합리적이고 이성애적인 백인 남자들로 구성된다. 모든 되기는 소수자-되기이며, 이는 되기가 다수자의 기준으로부터 떨어져 나오는 운동을 이행한다는 의미다. 되기는 따라서 몰적molar이기보다 분자적molecular이다. 되기는 권력의 기존 구조를 공고히 하는 것이 아니라 약화시킨다.

들뢰즈와 가타리의 소수자 정치는 기존 질서를 해체하는 데 집중한다. 이런 정치는 정치체body politic에 소수자들을 포함하거나 소위 '다수자 체계'majority system와 관련된 것이 아니다. 오히려 소수자 정치는 구조와 조직화를 허물면서 소수자-되기의 확산에 집중한다. 그들은 이것을 집단적 대상에 대한 연구방법론인 집합 이론set theory을 통해 보여준다. 여기서 셀 수 있고 알 수 있는 다수자는, 되기(생성)의 과정에 있기에 셀 수 없는 소수자와 대조된다. 소수자는 예측할 수 없는 연결의 형성에 연루되면서 다수자로부터의 탈주선을 가능하게 한다. 그들은 소수자를 "'모호 집합', 비가산 집합, 비공리적 집합, 즉 '대중', 혹은 도피와 유동성의 다양체들"을 구성하는 것으로 묘사한다(ATP: 519). 이러한 배치 내에서 공리axiom는 어떤 것에 적용돼도 상관없이 유효한 규칙이다. 공리는 상식으로 당연하게 여겨지고, 설명을 요구하지 않는다. 다수자는 공리들을 독점하기에 그들의 자리를 유지하는 반면, 소수자에게 공리들은 비껴간다. 이런 식으로 소수자의 권력은,

> 가산 집합들denumerable sets에 대항해 아무리 작더라도 비가산집합들nondenumerable sets의 힘을 가져온다. 비가산 집합들이 무한하고, 뒤집히고, 혹은 변했더라도, 혹은 새로운 공리나 혹은 그것을 넘어 새로운 자명함을 함축하더라도 말이다. 이것은 무정부주의 대 조직화, 중앙화 대 분권화의 문제가 전혀 아니며, 비가산 집합 문제의 계산 혹은 개념을 가산 집합의 자명함에 대치시키는 것이다. 그런 계산에는 그 나름의 합성화, 조직화, 심지어 중앙화가 있을 것이다. 그렇지만 그것은 국가나 공리적 과정을 통해서가 아니라 소수자들의 순수 되기(생성)를 통해 진행된다(ATP: 520).

소수자의 정치적 중요성은 다수자 안에 포함되거나 다수자 되기에 있지 않다. 소수자의 힘은 끊임없이 다수자를 뒤흔드는 데에 있다. 페미니즘이 소수자 정치가 되는 것은 특정한 권리를 주장하는 정체성 집단으로 여성의 인정을 위해 투쟁할 때가 아니라, 가부장제를 지지하는 공리들을 허물 때다. 이는 가부장제의 전복과 새로운 질서의 확립은 아닐 수 있지만, 대신 가부장제가 권력에

행사하는 영향력을 가차 없이 약화시킬 것이다.

《천 개의 고원》에서 들뢰즈와 가타리는 미시정치micro-politics와 분절화segmentarity에 대해 쓴다. 이 개념들은 들뢰즈와 파르네가 《디알로그》에서 "많은 정치들"Many Politics에 대해 논의할 때도 동원된다. 여기서 그들은 정치란 견고하고 거대한 차원에서 작동하는 분절화의 선들을 탐구하는 것뿐 아니라 좀 더 섬세하고 분자적인 차원에서 이루어져야 함을 주장한다(D: 124). 사회적 장은 몰적 배치와 분자적 배치 둘 모두에 의해 이루어져 있다. 몰적 차원에는 사람들을 계급, 성, 나이, 인종, 분야에 따라 나누는 이항적 기계들이 있다(D:128). 이 차원에서는 몰적인 남성과 구별되는 몰적인 여성이 있다. 분자적 차원에는 구조와 조직화가 아니라 파열, 불안정성, 불협화음과 관련된 미시정치가 있다. 여성-되기의 형상(모두가 통과해야 하는 되기의 첫 번째 단계)은 세계를 남성과 여성으로 조직하는 이항적 기계에 대한 도전이다. 이것은 성적 차이의 이항적 개념에 또 다른 성을 덧붙이는 문제가 아니라, 분자적 섹슈얼리티즉 남성/여성의 배치를 탈영토화하는 탈주선을 실행하는 문제다(D: 131). 탈주선의 힘은 기존의 패턴과 정합성으로부터 도피로를 제공한다는 데 있다. 탈주선은 창조적이고 실험적이다. 그것은 코드화 혹은 덧코드화overcoding가 아니라 돌연변이mutation와 관련된다. 이것은 체계의 커다란 파열에 대한 것이 아니라 탈주선이 틈으로 즉 어디로든 미끄러져 갈 수 있게 해주는 "작은 균열, 지각불가능한 파열들"에 대한 것이다(D: 131). 이것은 전복적일 뿐 아니라 전투적이고 혁명적이며, "무기를 찾기 위해 달아난다"(D: 136). 이러한 [탈주]선들의 배치는 힘의 분배 모델을 제공한다. 분자적 선들, 탈주선들은 몰적인 조직을 전복하는 힘을 갖는다. 이런 식으로 일상의 행동과 실험은 변화를 가져오는 능력을 지닌다.

하지만 들뢰즈와 가타리가 단지 소수자 정치나 미시정치를 개진하는 것은 아니다. 정치에 대한 그들의 작업에는 늘 몰적인 것과 분자적인 것 사이의 긴장이 있다. 그들이 페미니즘에 관해, 또 페미니즘과 (2장에서 보았듯이) 그들이 몰적인 실체로 묘사하는 '여성'이라는 정체성 범주와 맺는 관계에 대해 언급할 때 이를 확인할 수 있다. 그들은 공리 차원에서의 싸움, 즉 "투표권, 유산, 직업을 위한" 싸움에 대해 쓴다(APT: 520). 이는 어떤 차원에서는 여성들이 그들의 신체, 역사 혹은 주체성을 위해 싸울 때 몰적인 정치를 행할 필요가 있음을 의미한다. 하지만 그들은 "샘물을 마르게 하거나 흐름을 멈추지 않고는 작동하지 않는 그러한 주체성에 자신을 제한하는 것은 위험"하다고 경고한다(ATP: 304). 이 지적의 중요성은 과소평가될 수 없다. 들뢰즈와 가타리는 우리에게 익숙한 거대 권력 구조나 정체성 위치를 다루는 종류의 정치를 위한 자리가 없다고 말하지 않는다. 어떤 점에서 이는 가야트리 스피박 Gayatri Spivak이 탈식민주의 이론과 관련해 개진한 전략적 본질주의 strategic essentialism와 공명한다. 스피박(1996)은 구체적인 정치적 목적을 이루기 위해 공유된 집단 정체성에 소구하는 것이 유리한 경우들이 있음을 암시한다. 스피박이 들뢰즈, 가타리와 공유하는 것은 정체성에 대한 이러한 소구가 전략적이며, 존재론적인 조건을 표현하는 것은 아니라는 관념이다. 들뢰즈적인 정치는 몰적 조직의 문제를 다룰 필요가 있지만 거기서 끝날 수는 없다. 정치는 늘 분자적 생성(되기)을 위한 공간을 찾게 되어 있다.

들뢰즈와 가타리는 우리가 거시정치와 미시정치를 동시에 수행하도록 추동한다(ATP: 235). 왜 그런지는 그들이 묘사하는 두 종류의 다양체multiplicity를 들여다볼 때 확실해진다. 첫 번째 다양체는 연장적extensive이다. 숫자적 다양체로서의 사물은 본성의 변화 없이 더해지거나 감해질 수 있다. 두 번째 다양체는 강도적인 intensive 것으로 그것의 구성의 어떤 변화라도 본성의 근본적 변화가 될 수 있다. 이것은 또한 양적 다양체와 질적 다양체의 구별로 생각될 수 있다. 몰적 차원에서의 변화는 연장적인 다양체와 관련된다. 예를 들어 거시정치적 변화는 정부 내 정무직의 반을 여성으로 채우라고 명령할 수 있다. 하지만 여성에 대한 동등한 재현[대표성]이 정무직(과 정치) 자체의 본성에 강도적 변화를 가져오지 않는다면 이것은 양적 변화에 머무를 것이다. 게다가 이러한 역할을 맡은 여성들이 정책에서 남성적 기준을 채택한다면, 우리 사회에서 성과 젠더가 이해되는 방식을 바꾸는 데 거의 아무런 역할도 하지 못할 것이다. 따라서 만일 이런 모든 것이 기존 구조와 관행에 더 많은 사람을 포함하는 것뿐이라면 정치적 삶에 더 많은 다양성을 포함하는 것으로는 충분하지 않다. 거대 구조의 변화는 오로지 분자적 정치와 강도적 다양체를 허용하는 한에서만 중요하다.

들뢰즈의 작업에서 핵심적인 동일성과 차이의 긴장은 제3물결 페미니즘에 역시 중요하다. 그것은 기존의 구조와 정체성(=동일성)을 어떻게 다룰 것인가에 관심을 가지는 동시에 이런 구조와 정체성을 애초에 생산했던 체계들과 전통들을 허문다. 차이에 대한 들뢰즈의 작업은 어떤 정체성 범주 아래에서도 현존하는 순수 차이의 풍성한 복잡함을 상기시킨다. 그렇기에 우리는 특정한 구조나 정체성에 존재론적인 지위를 줄 수 없는데, 왜냐하면 이는 단지 훨씬 더 풍부하고 복잡한 상태에 있는 차이의 이차적 현현일 뿐이기 때문이다. 하지만 정체성이 조직화되는 많은 축이 있고 또 우리를 개인으로 소환하는 많은 정체성 위치가 있기에 정체성 자체는 더욱 복잡하다.

교차적 차이

우리가 '여성'이라는 범주 자체를 볼 때 기억할 필요가 있는 것은 이 범주가 결코 정합적인 적이 없었으며 늘 그 안에 다양한 정체성 위치를 포함했다는 것이다. 브라이도티는 성차에 대한 그녀의 개념에서 이러한 차이들을 인정하면서, 성차가 세 단계 즉 남성과 여성의 차이, 여성 간의 차이, 그리고 각 여성 안에서의 차이에 걸쳐 작동한다고 말한다(2011: 151-157). 페미니즘과 관련된 차이는 차이가 작동하는 이런 다양한 수준들에 의해 더욱 문제적이 되는데, 왜냐하면 어떤 몰적 차이든지(가령 남성과 여성의 구별) 늘 이미 다양한 다른 정체성 위치들에 의해 분열되며, 이런 방식들에 의해 동일화 과정이 복잡해짐을 이 논의가 상기시키기 때문이다. 이런 차이들은 구조와 정체성[동일성]을 약화시키는 분자적 차이들이 아니라 성별을 넘어 정체성 위치들을 제공하는 차이들이다. 페미니즘 이론(과 더욱 넓게는 페미니즘 정치)은 처음부터 지금까지 성차가 아닌 다른 차이들, 가령 젠더, 인종, 계급 그리고 장애와 관련해 발생하는 차이들을 설명하도록 요구받았다. 어떤 정체성 위치들은 신체에 명백히 새겨져 있는 반면, 다른 정체성 위치들은 그렇지 않다는 것은 중요하다. 신체적 표시 중 어떤 것은 피부색처럼 선택하지 않은 것인데 비해, 어떤 것은 구체적이고 의도적인 스타일을 통해 발생할 수 있다. 하지만 시각적으로 명백하지 않은 일련의 복잡한 정체성 위치들 또한 있을 수 있다. 이는 신체가 겉모습이나 능력과 관련해 조직되지만 또한 자기-동일시의 복잡한 체계를 통해 조직될 수 있음을 의미한다. 그런데 이렇게 사람을 집단으로 묶는 것의 결과는 개인들이 어떤 체계에 속해 그

안에서 일련의 문화적 가지성intelligibility을 지닌다는 것이며, 따라서
단일한 정치적 의미로 환원될 수 없다는 것이다.

차이와 동일성 간의 긴장을 이론화하는 방식 중 하나는 교차
성intersectionality을 통해서다. 우리는 교차성을 통해 개인을 하나 이
상의 정체성 위치와 관련해 자리한 것으로 그릴 수 있다.[11] 이런
이론 틀은 성적 억압과 인종적 억압의 관계를 고려해야 한다는 강
령뿐 아니라, 인종적 차별이 어떻게 페미니즘 내에서 존속되는지
에 대한 재인식으로부터 발전해 나왔다. 재스비어 푸어Jasbir Puar는
"교차성은 주로 백인 위주 페미니즘의 이론 틀 내 헤게모니적 인
종, 계급, 젠더 규정에 도전하는 흑인 페미니즘의 중요한 개입으
로 제2물결 페미니즘의 투쟁에서 나왔다"고 쓴다(2012: 51). 차이
에 대한 이러한 접근은 페미니즘 내에서 특권이 어떻게 작동하는
지에 주의를 기울이면서, 페미니즘이 백인 중산계급 밖의 사람들
과 관련된 다양한 문제를 다루도록 요구한다. 하지만 만일 교차성
이 상대적으로 권력을 지닌 입장에서 말하는 여성들의 목소리를
침묵시키거나, 공통 목적을 찾을 수 없을 만큼 페미니즘 정치학을
균열시킨다면 문제적인 이론 틀이 될 것이다.

또 교차성은 정체성 정치의 더 복잡한 또 다른 버전이 될 위

---

[11]   레슬리 맥콜(Leslie McCall)은 교차성을 "사회관계와 주체 형성의 다양한 차
       원들과 양상들의 관계성"으로 정의하면서, 페미니스트들이 다른 어떤 [정체
       성] 집단보다 더 교차성을 포용해 왔으며, 교차성이야말로 페미니즘이 이론
       에 공헌한 가장 중요한 부분임을 암시한다.

험성이 있는데, 교차성이 관심을 갖는 문제가 성, 인종, 계급 같은
요소들에 의해 결정되는 상이한 정체성 위치들의 기반 아래 개인
의 자리매김locatedness이기 때문이다. 하지만 [정체성] 위치들은 이러
한 관계적 구조를 통해 의미가 기입된 것이기에 우리는 정체성 위
치들이 타고난 것이 아니라 권력 체제에 의해 구성된 것임을 기억
해야 한다. 예를 들어, 차이의 사유에 대한 교차적 접근은 생태페
미니스트ecofeminists—여성에 대한 가부장적 억압과 인간 외의 자연
을 인간이 착취하는 자원으로 다루는 인간중심주의의 구조적 관
계성을 지적해 왔던—에게 생산적이었다.[12] 동물연구학 학자 리처
드 트와인Richard Twine이 상기시키듯이, 이는 교차적 접근이 "권력의
사회적 범주들 간 상호의존성"을 인정하기 때문이다(2010: 398).
여기서 가부장제와 인간중심주의는 지배와 착취로 이루어진 더
큰 체계의 두 가지의 상이한 현현이다. 권력이 복잡하고 종종 보
이지 않으면서 작동하는 방식에 대한 인정은 페미니즘에서 중요
한데, 권력이 성의 측면에서 조직된 신체뿐 아니라 비-백인, 비-
이성애, 비인간, 그리고 장애인을 포함한 일련의 소수자 신체에
행사되기 때문이다(이에 대해서는 4장에서 살펴보았다). 이것이 의미
하는 바는, 만일 교차성이 정체성 정치라 하더라도, 교차성이 관
심을 갖는 것은 정체성의 우발적 성격contingencies이며, 더욱 중요하

---

[12]   예로, 커드워즈(Cudworth, 2005)를 참조하라.

게는 페미니즘이 개입해야 하는 중요한 지점이 단지 가부장제이
기보다는 더욱 더 복잡하고 다양한 측면을 지닌 억압의 구조임을
상기시킨다는 것이다.

이론 틀로서 교차성의 유용성은 들뢰즈에 대한 페미니즘의
작업에서 확인된다. 예를 들어 그로츠는 교차성에 대해 의구심을
가지면서, 교차성이 이미 억압의 정의 가능하고 구별되는 형식들
과 연루되어 있으면서 "지배의 모체, 비참함의 위계"를 구성한다
고 쓴다(2011: 92). 정체성 기반 정치에의 호소를 불신하는 것이 중
요한 반면, 공유하는 특징과 능력을 중심으로 집단화된 신체들과
관련해 권력이 동원됨을 부인할 수 없다. 여기서 그로츠는 페미
니스트들이 억압에 대한 구조적 이해를 통해 다른 억압받는 집단
들과 생산적 연대를 형성할 잠재성을 놓치고 있다. 릭 돌피언Rick
Dolphijn과 아이리스 반 데어 튠Iris van der Tuin 역시 교차성의 재현적[대
표적] 개념에 대해 비판적이다(교차성에 의해 상이한 범주들은 차이 위
에 덧코드화된 언어적 구조물이 된다). 이들은 그로츠와 마찬가지로
어떻게 '여성'의 범주가 동일성으로 환원될 수 없는 다른 종류의
차이에 의해 언제나 이미 둘러싸여 있는지에 관심을 가진다. 그
러나 들뢰즈적 교차성은 정체성 범주에 의한 차이의 이해를 잠재
적으로 피하면서, 대신 사물의 관계성을 변화에 열린 구조 내에서
측정하는 위상학적 교차성topological intersectionality을 그들에게 제시할
수 있다. 이러한 이론 틀 내에서 차이는 되기(생성)와 관계되며, 실

존하기 위해 비교를 요구하지 않는다. 그들에게 교차성이 보여주는 것은, 어떤 억압의 범주 아래서든 "수천의 미세한 교차성들"이 있으며, 이들 수천의 미세한 교차성은 교차성을 사물이 과거의 존재와 다르게 되는 방식으로 연다는 것이다.

교차성을 이렇게 이해하는 것의 장점은, 사물이 안정적이기보다 역동적이고 유동적인 연관성을 구성하면서 관계적 구조 내에 실존함을 인정하면서, 교차성 덕분에 성과 인종 같은 범주들이 타자가 되는 것이 가능하다는 점이다. 재스비어 푸어 역시 교차성의 유용성을 주장하면서 이를 위해 들뢰즈와 가타리의 배치 assemblage 개념을 동원한다. 《테러적 배치》*Terrorist Assemblages*라는 책에서 푸어는 젠더, 인종, 계급, 섹슈얼리티, 민족, 그리고 민족성이 안전, 민족주의, 테러리즘에 대한 반응과 관련해 배치되는 방식들을 탐문한다. 푸어는 배치가 차이의 복잡성과 관련해 교차성을 더욱 미묘한 것으로 만들 잠재력이 있다고 주장한다. 배치의 형상은 차이가 "공간적·시간적·신체적 수렴, 내파와 재배치"를 통해 확산되도록 한다(2007: 205). 이는 교차성을 인식론(이미 알려진 차이들)뿐 아니라 존재론(우리의 지식 체계에 의해 재인식될 수 없는 방식에 따라 어떻게 사물이 달라지는지)과 관련해 틀 짓는다.

페미니즘 이론은, 페미니즘의 가장 평등적인 현현에서조차 차이에 대한 관념을 늘 타협해 나가야 한다. 그것은 남성으로 또 여성으로 집단화된 사람들의 차이를 설명해야 하지만, 또 개인이 정치적 충성을 느낄 다른 정체성 위치들도 설명해야 한다. 이러한 정체성 위치들의 많은 경우가 권력과 억압의 관계적 구조를 통해 출현한다. 이것은 페미니즘이 가부장제를 비판할 뿐 아니라 권력이 표현되는 다른 구조들을 비판할 필요가 있다는 의미다. 들뢰즈는 페미니즘의 이러한 기획에서 훌륭한 동지다. 그는 우리가 기존의 구조와 정체성에 대해 사유할 수 있는 거시정치학뿐 아니라 분자적 되기와 탈주선의 미시정치학 둘 다를 제시한다. 하지만 가장 중요한 것은 들뢰즈가 차이에 대한 위대한 사유자라는 것이다. 그는 모순과 비교로서의 차이 대신 순수 차이의 개념을 제시한다. 동일성(정체성) 안에 결코 포섭될 수 없는 근원적이고 확산하는 차이. 게다가 이런 차이는 존재 자체 내에 존속한다는 의미에서 존재론적이다. 들뢰즈의 차이 개념을 전유하는 페미니즘은 풍부한 가능성을 지닌다. 차이의 활기찬 복잡성은 정체성 범주를 영구히 불안정한 것으로 만들며, 역동적인 정치를 요구한다. 이것은 재현(대표성)의 정치가 아니라 구체적 신체들과 계속되는 차이를 낳는 미분적(차이생성적) 과정들의 구별에 주의를 기울이는 정치다. 그러니 문제는 페미니즘이 어떤 차이에 집중할 것인가 뿐만 아니라 페미니즘이 세계에 어떤 새로움을 가져다줄 것인가 하는 것이다. 다음 장에서는 페미니즘 정치에서 인정recognition이 차지하는 자리에 관심을 돌려, 새로움으로서의 차이에 대한 들뢰즈의 작업이 어떻게 이러한 이론 틀에 중요한 도전을 제기하는지를 살펴보겠다.

6장

정치

Politics

페미니즘은 사회 구조 속에서 성sex, 젠더, 섹슈얼리티가 작동할 때 권력에 무슨 일이 발생하는지에 관심을 두기 때문에 정치적이다. 정치가 의미하는 바는 다양한 학문분과에 따라 달라질 수 있다. 예를 들어 정치철학에서는 가치 판단을 표현하는 규범적 진술에 관심을 두고, 문학연구나 문화연구에서는 이데올로기가 재현 속에서 어떻게 존속되는지를 해독함으로써 정치가 분석된다. 또 역사학은 구체적인 거버넌스의 구조와 시스템의 검토를 통해 정치에 관여한다. 이러한 정치에 접근하는 모든 다양한 방식에 적용될 수 있는 두 가지 점이 있다. 첫째, 정치란 우리가 집합적인 삶을 어떻게 상상하고 실행하느냐에 대한 것이라는 점이다. 둘째, 정치는 편재한다는omnipresent 점인데, 정치란 사회 속에서 사람 간의 모든 관계의 구조를 통해 권력과 담론이 움직이는 방식에 대한 것이기 때문이다.

우리가 이전 장에서 보았듯이 들뢰즈의 작업은 명확한 정치적 프로그램을 포함하고 있지 않다. 이런 점은 들뢰즈 저작의 추상화로 인해 악화되었는데, 이는 매일 매일의 정치적 현실을 다루기 위해 들뢰즈의 연구를 동원하려는 시도를 좌절시킬 수 있다. 더욱이 들뢰즈의 반인간주의는 그의 작업에서 기능적 주체를 위치시키기 어렵게 할 수 있다. 1장에서 언급했듯이, 들뢰즈는 주체 너머로부터 사유하고 미분적(차이생성적) 문제들의 세계 안에 주체를 위치시키는 것을 통해, 제한되고 일관된 데카르트적 주체를 대체한다. 들뢰즈가 초월적 존재자로서의 데카르트적 주체에 대해 깊이 회의할지라도, 이것이 그의 작업에 주체성이 부재함을 말하는 것은 아니다. 즉 들뢰즈는 주체에게 어떤 철학적 지위—그가 세계를 상상하는 방식인 내재성 너머로 주체를 고양시키는—를 부여하거나 주체를 무시간적 구조로 자리매김하는 것을 원하지 않았다. 이는 들뢰즈가 주체를, 주체 수준의 위, 아래 양쪽에 존재하는 미시적이고 거시적인 과정의 효과로서 여겼기 때문이다. 들뢰즈의 주체성 모델은 우리가 보통 정치적 시민을 상상하는 근거가 되는 틀이기도 한 자유주의 휴머니즘과 상충된다. 이 주체는 정치적 개체에 대한 우리의 상상적 방식을 구성하는 주체성의 양상들을 거부한다(예를 들어 행위주체성, 자기인식, 일관성, 응집성, 그리고 변화에 영향받기보다 변화를 일으키는 능력). 5장에서 언급한 대로 들뢰즈의 저서는 정체성 정치에 대한 것이 아니다. 따라서 들뢰즈의 작업은 정체성과 주권적 자아에 기반을 둔 전통적 정치 담론에 도전한다. 이 장에서는 들뢰즈의 저서가 이러한 추상성에도 불구하고 들뢰즈의 작업이 페미니즘 정치에 유용하다고 주장한다. 나아가 들뢰즈의 작업이 주체와 안정된 체계 및 정체성 범주로 이루어진 관습적 정치보다 더욱 적합하게 세계에 접근할 수 있음을 암시한다. 비인간적 사유, 되기(생성), 욕망하는 기계, 기관 없는 신체, 무엇보다 순수 차이를 깊게 천착하고 있기 때문이다.

이 장에서는 '인정'recognition의 정치에 반대하는 들뢰즈주의 페미니즘Deleuzian feminism의 가능성을 분명히 설명하고자 한다. 정치적 논쟁에서 인정은 우리에게 주체와 환경 간의 관계를 개념화하기 위한 방법을 제시하고, 그와 같이 공동체에서 주체를 이론화하기 위한 틀을 제공했기 때문에 상당한 정도로 통용되어 왔다. 사회적 의미의 구조 안에서 특정 유형 주체들의 가지성intelligibility을 전제로 하는 인정은 또한 정체성 정치의 절합에 중요하다. 들뢰즈의 연구는 인정에 대한 비판을 제시하기 때문에 인정의 패러다임을 넘어 정치와 정치적 공동체에 대해 생각할 수 있도록 해준다. 이 장은 인정의 정치에 위험한 것이 무엇인지 그리고 들뢰즈가 그것의 한계를 극복하기 위해 우리를 어떻게 도울 수 있는지 살핌으로써 시작하고자 한다. 더 나아가 그로츠의 작업으로 대표되는 들뢰즈주의 페미니즘과, 인정에 대한 정치적 작업을 대표하고 또 페미니즘 정치 논쟁에서 매우 영향력 있는 버틀러의 연구를 비교함으로써 인정 정치의 틀의 한계를 보여주고자 한다. 버틀러의 연구는 어떤 점에서 인정이 문제적인지를, 즉 인정 정치가 타자성의 제한된 개념만을 허락하고 주체성과 상호주체성이 부정성negativity에 근거를 두고 있음을 보여준다. 이와 반대로 그로츠는 긍정적이고 기쁨에 찬 페미니즘 정치, 즉 들뢰즈가 이론화한 심오한 차이에 열려 있는 '지각불가능성'imperceptibility의 페미니즘 정치를 주장한다 (2002: 470). 이 장은 인정보다는 들뢰즈의 연구로부터 구성할 수 있는 지각불가능성에 몰두한 생기 있고 실험적인 소수자 페미니즘minor feminism에 대한 논의로 끝을 맺는다.

인정과 정치

정치 논쟁에서 가장 흔하게 동원되는 인정 개념은 헤겔적 계보 안에 있다. 5장에서 보았듯이, 들뢰즈는 부분적으로 헤겔에 대한 비판을 통해 그 자신의 차이 개념을 주장한다. 들뢰즈와 헤겔은 차이, 욕망, 부정negation 같은 유사한 개념을 동원한다. 그러나 들뢰즈가 이 개념들을 사용한 방식은 헤겔이 같은 개념을 사용한 방법과 근본적으로 상충된다. 들뢰즈가 페미니즘을 인정의 프레임을 넘어서게 하고, 또 그의 존재론의 근저에 있는 순수 차이에 페미니즘을 열어두는 **바로 그** 철학자가 될 수 있었던 것은 그가 헤겔적 사유의 지배에 적극적으로 도전하고 있기 때문이다.

헤겔에게 인정은 주체가 존재하게 되는 과정이다. 인정은 주체로서 자아를 인정하는 능력, 타자에 대한 인정 부여, 국가에 의한 개인의 승인이나 정당화를 통해 일어난다. 그러므로 인정은 개인 간의 근본적이고 구성적인 관계를 인정하는 구조인 상호주관성의 모델을 가정한다. 헤겔의 주체는 한편으로 세상에 비친 자신을 발견함으로써, 다른 한편으로는 타자들에게 인정받음으로써 인정을 획득한다. 헤겔에게 주체(사실 모든 존재)는 그가 존재의 변화를 이론화한 메커니즘인 변증법적 구조를 통해 나타난다. 부정성이 변증법의 중심이 되는 이유는 그것이 아닌 것(부정)으로 사물이 구성되는 과정을 설명하기 때문이다. 부정성은 욕망에 관한 전통적 이해와 밀접하게 관련되는데, 왜냐하면 결핍의 측면에서 공식화될 때 욕망은 자아에게 부족한 것이나 자아 외부에 있는 것으로 틀 지워지기 때문이다. 이런 틀에서 동일성은 대립항으로 여겨지는 차이와의 관계를 통해 생겨난다. 부정성은 극복될 수 있는 어떤 것이 아니라 존재의 내부에서 그것의 구성 조건으로 움직인다. 궁극적으로 이 주체는 타자가 자신과 마찬가지로 자기의식을 위해 투쟁할 뿐만 아니라 또한 욕망하는 존재임을 인정함으로써 자신의 반영체를 찾게 된다. 헤겔은 "자기의식은 그것이 타자를 위해 존재할 때 혹은 그 사실로 인해 즉자적으로 또 대자적으로 실존한다. 즉 자기의식은 단지 인정받음으로써 존재한다"라고 쓴다(1977: 111). 헤겔의 주체에게 궁극적 인정은 이러한 외부적 부정성을 통해 구성된다는 점에서 그것이 세계와 하나라는 것이다. 헤겔의 작업에서 이러한 실현은 주체로서의 실체의 인정으로 묘사된다. 정확히 이러한 주체가 관계성을 통해서 나타나기 때문에, 주체는 정치적 논의에서 또 공동체의 상상에서 중요한 형상이 된다.

장 뤽 낭시^{Jean-Luc Nancy}가 제시했듯이 "우리는 마치 헤겔이 이
미 여러 번 읽히거나 여러 번 사유되었던 것처럼, 혹은 그가 이미
우리 사유에서 역할을 마친 것처럼 생각한다"(2002: 7). 특히 프랑
스 전통에서 우리가 가장 흔히 접하는 헤겔은 오늘날 헤겔을 이
해하는 데 큰 영향을 준 알렉상드르 코제브^{Alexandre Kojève}의 《역사와
현실 변증법》(한벗, 1981)을 통해 매개되었다. 코제브의 헤겔 독해
에서 인정 투쟁은 내생적으로 폭력적이고 "죽음에 이르는 투쟁"
을 수반하는 것이다(1980: 7). 그는 인정과 관련해 욕망의 자리를
강조하면서 다음과 같이 서술한다.

> 따라서 다른 이의 **욕망**을 욕망한다는 것은 결국 나인 가치
> 또는 내가 '재현하는' 가치가 다른 이에 의해 욕망되는 가치임
> 을 욕망하는 것이다: 나는 그가 나의 가치를 그의 가치로서 '인
> 정하기'를 원한다. 나는 그가 자율적인 가치로 나를 '인정'하기
> 를 원한다. 즉 모든 인간적이고 인류발생학적인 **욕망**(**자기의식**,
> 인간의 현실을 발생시키는 **욕망**)은 결국 인정을 받으려는 욕망의
> 기능이다(1980: 7).

코제브에게 인정이란 주체와 실체의 조화의 실현에 대한 것이 아
니다. 그 대신 그것의 목적은 변형하는 존재로서 또 세상에 영향
을 미치는 자로서 타자들에게 인정받는 것이다.

　　정치적 공동체가 어떻게 구상되느냐에 대한 이런 논쟁에는
많은 것이 걸려 있다.[1] 정치적 명령으로서 인정 투쟁은 특정 정체
성(또는 특정 유형의 주체)이 사회에 의해 인정되어야만 하고, 이런
인정을 통해 합법화됨을 주장한다. 예를 들어 페미니스트들은 온
전한 시민이라는 여성의 지위 인정을 위해 투쟁해 왔다. 이는 한
때 여성을 정치적·경제적 삶의 구성원으로서 표지했던 참정권과
재산권을 위한 투쟁을 이해할 수 있는 방법 중 하나다. 보다 최근
에 우리는 동성애 커플이 시민으로서 그들의 사랑과 지위를 합법
화하기 위해, 또 그들의 관계를 국가로부터 인정받기 위해 싸워온
동성애 논쟁에서 인정 투쟁을 목도했다. 우리는 또 여권 같은 법
적 서류에서 제3의 젠더를 인정받기 위한 투쟁을 통해 트랜스젠
더, 인터섹스, 이분법적 성별에 속하지 않는 자들을 위한 권리 운
동에서의 인정 투쟁을 볼 수 있다. 이런 사례를 보면 인정의 문제
가 1980년대와 1990년대 인종과 계급의 정체성 인정 정치뿐만
아니라 젠더와 섹슈얼리티와 연관된 정체성 정치에서 핵심이었
다는 것은 놀랍지 않다. 인정은 사회에서 정체성과 차이가 어떻게
기능하는지 사유하는 데 매우 중요했고 다문화주의와 탈식민주

---

[1]　　이러한 인정 개념화의 방식은 낸시 프레이저(2003), 장 뤽 낭시(2002), 악셀
호네트(Axel Honneth, 1996), 찰스 테일러(Charles Taylor, 1994), 주디스 버틀
러(1999), 로버트 윌리엄스(Robert Williams, 1997)의 연구에서 더욱 현대적
형태로 분명하게 나타난다.

의에 대한 논쟁(Taylor, 1994)[2]과 페미니즘에 대한 논쟁에서 유용하다는 것이 입증되었다(Fraser, 2003, 2005; Butler, 1999, 2004, 2009). 낸시 프레이저Nancy Fraser는 세기의 전환기에서 인정을 페미니즘의 주장을 뒷받침하는 "주요한 문법"으로 묘사하는 데까지 나아간다(2005: 298). 인정에의 호소는 종종 차이를 가치화하지만, 이것의 위험성은 가시성visibility의 체제와의 공모다. 이런 식으로 인정은 가시적이고 분절적인 것으로 코드화되고 인정 너머의 것은 보이지 않게 된다.

그러나 인정 정치의 더 큰 정치적 문제는 가지성intelligibility에 대한 요구가 동시에 차이와 타자성을 지울 수 있다는 것이다. 이는 데릭 애트리지Derek Attridge가 타자의 형상에 대한 그의 연구에서 암시한 바다. 그는 "내가 이미 존재하는 타자를 파악하는 한 그것은 타자가 아니다, 내가 한 인간의 친숙한 윤곽을 인정한다는 것은 나의 기존 틀에 그/그녀를 수용한다고 말하는 것이기 때문이다"(1999: 24)라고 언급한다. 게다가 인정은 이미 지나가버린 것에 의존하면서 기존의 문화 가치를 마치 그것이 보편적이거나 타고난 것인 양 지지한다. 인정의 정치는 이미 그로츠와 알랭 바디우Alain Badiou 같은 여러 이론가에게 비판받았다. 그로츠는 "헤겔 이래 진보 정치의 수사학에서 인정이 차지하는 지위에도 불구하고

---

2   탈식민주의의 이론화에서 인정의 지위에 대한 유용한 비판을 위해서는 비그날(Simone Bignall, 2010)을 참조하라.

인정이란 이미 인지된 것에 새로운 것과 결코 상상하지 못한 것을 묶는 것, 보수주의의 힘"이라고 쓴다(2001: 103). 사유의 인식론적 구조는 존재를 범주화하고 위계화하기에 존재는 어떤 만남 이전의 체계로 환원된다. 바디우 역시 그로츠처럼 인정에 대해 매우 비판적인데, 특히 인정이 윤리 이론에서 드러날 때 그렇다. "타자의 인정에 기반을 둔 모든 윤리적 단언은 순수하게 또 간단히 폐기되어야 한다"(2001: 25).

페미니즘에서 사회적·정치적 개념으로서 인정이 갖는 문제는 그것이 차이의 복잡성과 복수성plurality을 가려버린다는 것이다. 버틀러와 프레이저 같은 많은 페미니스트가 인정을 정치적 존재에서 핵심이라고 주장하는 반면, 우리는 인정이 타자성alterity을 제약하는 방식들을 고려할 필요가 있다. 또 인정 너머로 나아가는지의 여부가 페미니즘이 차이와 더욱 온전히 씨름하는 것을 가능케 하는지에 대해 스스로에게 물어볼 필요가 있다. 이는 젠더와 섹슈얼리티를 이해하는 데 핵심이 되는 차이들뿐만 아니라 '여성'의 범주 아래 모인 개인들을 파편화하는 차이들에 대한 더욱 섬세한 이해를 용이하게 한다. 따라서 이때 투쟁은 특정 정체성의 정치적 대표성을 위한 투쟁이 아니라 '여성' 범주를 차이에 더 개방적으로 만들기 위한 투쟁이다. 인정 정치의 폐기는 처음에는 특권의식을 풍기는 것처럼 보일 수도 있다. 무엇보다 여전히 많은 페미니스트가 기본적인 인권에 대한 그들의 요구를 인정받기 위해 투쟁하고 있다. 나는 이같은 정치적 투쟁을 줄이기를 원하지 않지만, 페미니스트 이론은 또한 개념적 수준에서 이와 관련된 비용을 고려할 필요가 있다. 정체성 위치identity position의 인정을 요구하는 것의 부작용은 그것이 '여성'과 '인간' 같은 거시적 범주를 공고히하는 데 기여한다는 점이다. 인정을 넘어선 움직임 그리고 공유된 정체성을 지닌 하나의 집단으로서 정치적 재현을 위한 투쟁 덕분에 페미니즘은 사실 훨씬 더 낯설고 더 생기 있는 타자성과의 마주침에 직면할 수 있다.

들뢰즈의 연구는 인정 프레임을 비판하는 데 유용하다. 왜냐하면 그의 연구는 헤겔 그리고 차이가 부정negation과 관련하여 발생한다는 그의 관념에 대해 지속적이고 가차 없는 비판을 가하기 때문이다. 우리가 앞 장에서 보았듯이 순수 차이는 부정적인 것에 의존하지 않고 표현된다. 들뢰즈 작업의 대상인 스피노자적 실체에는 부정을 위한 자리가 있을 수 없다. 들뢰즈가 쓰듯이 "부정은, 절대적으로 어떤 것도 결핍되지 않기에, 무nothing다"(S: 96). 더욱이 들뢰즈는 니체의 영원회귀를 통한 차이의 긍정을 받아들이면서 긍정을 통해 나타나는 차이라는 개념을 발전시킨다. 그는 "니체의 실천적 가르침은 차이가 행복이라는 것, 다양체, 되기(생성)와 우연은 그 자체로 기쁨의 적절한 대상이며 단지 기쁨만이 되돌아오는 것이다"라고 주장한다(NP: 190). 들뢰즈는 목적 지향적이지 않으며 자신의 확장에만 관여하는 경쟁적 힘들의 세계를 니체에게서 발견한다. 이런 세계관으로 인해 니체의 작품은 반인간주의 anti-humanism의 한 형태가 된다. 즉 주체와 대상의 측면이 아니라 변동하는 위계질서와 연관성의 측면에서 세계를 본다. 주체와 같은 안정적 실체들은 단지 이러한 힘들의 일시적 응집일 뿐이다.[3] 들뢰즈는 헤겔의 변증법을 넘는 어떤 차이의 양식을 분명히 하기 위해 니체의 긍정적 반복에 의지한다. 영원회귀는 모든 새롭고 인식 불가한 형태의 차이를 가능하게 하고, 그것은 반복하는 또는 통합하는 동일성에 관여하지 않는다. 들뢰즈는 다음과 같이 말한다.

사실 우리가 영원회귀를 동일성의 귀결이나 적용으로 본다면, 우리는 영원회귀를 이해할 수 없다. 특정 방식으로 영원회귀와 동일성을 대립시키지 않는다면 우리는 영원회귀를 이해하지 못할 것이다. 영원회귀는 동일성의 영속이나 평형상태 또는 동일한 것의 안식처가 아니다. 영원회귀에서 되돌아오는 것은 '동일한 것'이나 '일자'the one가 아니며, 회귀하는 것은 다양체와 차이가 나는 것에 속해야만 하는 일자 그 자체다(NP: 46).

들뢰즈에 따르면, 재인식 가능한 것은 형이상학에 별로 유용

<hr>

[3] 경쟁적 힘들의 개념화와 결핍 없는 순수긍정성으로 표현되는,《안티-오이디푸스》에서의 욕망의 전인격체의 개념 사이에는 강력한 관계가 존재한다. 3장을 참조하라.

하지 않다. 이미 알고 있는 것에 대한 재인식을 특권화하는 프레임 내에서 차이는 너무 심층적이어서 포착되지 않기 때문이다.

들뢰즈는 또한 재인식recognition 개념을 정면으로 비판한다. 그는 《차이와 반복》에서 재인식이 순수 차이를 은폐시키는 데 도움이 된다고 주장한다. 우리가 1장에서 사유의 이미지들과 더불어 살펴보았듯이, 들뢰즈는 재인식이 공통감/상식common sense에 굴종적으로 복무하는 것에 관심을 갖는다. 우리가 공통감을 전제할 경우 그것은 친숙한 것의 인식에 기반을 둔 철학을 발생시킨다. "재인식은 재인식 가능한 것과 재인식되는 것 이외는 결코 어떤 것도 용인하지 않는다. 형식은 순응 외의 어떤 것도 불러일으키지 않을 것이다"(DR: 134). 동일성과 더불어 의미심장하게도 들뢰즈는 재현 또는 재인식의 존재를 부정하지 않는데, 재현이나 재인식은 경험적이기 때문이다. 사실 그는 재인식이 이 세계 안에서 우리 존재의 중요한 부분을 구성한다고 주장한다. 그러나 차이 이후에 동일성이 나타나는 차이와 반복의 존재론에서 재인식은 부차적 자리를 차지한다. 동일성과, 동일성이 가능하게 해주는 인정은 따라서 이차적이며, 새로움으로서의 차이를 낳는 과정에서 파생된 사후효과일 뿐이다. 더욱이 재인식은 따분하고, 또 우리의 세상을 흥미진진하고 무시무시한 곳으로 만드는 순수 차이의 흐름에 접근할 수 없게 한다. 우리를 사유하도록 강제하는 것은 (결코 사유를 교란시키지 못하는) 재인식이 아니라 낯설고 친숙하지 않은 것, "지각불가능한 것"(DR: 140)과의 마주침이다. 따라서 재인식은 우리가 세상에서 만나는 차이에 대해 어떻게 생각해야 하는지 한계지을 뿐만 아니라 우리가 사유하는 것을 방해한다.

정체성 정치가 아닌 페미니즘이나 인정에 중심을 두지 않은 페미니즘은 들뢰즈 철학에서 의미 있는 자원을 발견할 수 있다. 왜냐하면 인정은, 들뢰즈의 작업에서 보는 순수 차이가 아니라 차이의 제한된 버전만을 수용할 수 있는 구조와 관련해 정치가 발화되도록 규정하기 때문이다. 다음 절에서는 버틀러의 인정 개념을 기반으로 한 페미니즘 그리고 들뢰즈의 영향을 받은 그로츠의 차이와 지각불가능성의 페미니즘을 비교하고자 한다.

인정 너머의 페미니즘

버틀러의 연구는 아마도 오늘날 활동하는 어떤 페미니스트보다 페미니즘 이론에 관한 현재의 논쟁을 형성하는 데 더 많은 역할을 해왔을 것이다. 이는 우리가 버틀러의 작업에서 인정의 위치를 비판할 때 페미니즘 이론 내에서 정통 이론이 된 관념들을 비판한다는 것을 의미한다. 버틀러는 《욕망의 주체》*Subjects of Desire*의 재판 서문에서 헤겔의 주체성을 옹호하면서, 자신이 이 저서에서 되묻는 질문이 "욕망과 인정 간의 관계가 무엇인가 그리고 주

체의 구성이 타자성에 대한 급진적이고 구성적 관계를 수반한다
는 것은 어떤 것인가?"라고 기술했다(1999: xiv). 버틀러는 들뢰즈
의 연구를 "부정성에 대한 광적인 방어"(2004: 198)라고 묘사하면
서, 들뢰즈를 거부하기 위한 정당화로서 부정성의 근본적인 위치
를 말한다. 버틀러와 들뢰즈는 되기(생성)에 공통으로 관심을 가지
면서,[4] 되기를 존재론의 핵심으로 자리매김한다. 그러나 버틀러는
헤겔을 따르면서 이런 과정이 부정을 통해 생성되고 사물은 그들
이 아닌 것에 대항하여 구성된다고 주장한다. 반면 들뢰즈에게 실
체는 자기 생성적이고 되기(생성)는 차이의 영원회귀의 불가피한
산물이 된다. 이 두 철학자가 부정을 이렇게 다르게 다루는 데에

---

4   [옮긴이] 버틀러와 들뢰즈의 '되기' 개념은 각각 상당한 차이가 있는 것으로
         보인다. 주디스 버틀러를 집중 조명한 프랑스 감독 파울레 자제르만(Paule
         Zadjermann)이 2006년에 내놓은 다큐 영화 〈Judith Butler: Philosophical
         Encounters of the Third Kind〉(한국에서는 2008년 서울국제여성영화제에서
         〈주디스 버틀러: 제3의 철학〉으로 상영됨)에서 버틀러는 '되기' 개념에 대해 페
         미니즘을 학문적으로 구상하면서 시몬 보부아르의 《제2의 성》(1949)에 나
         오는 유명한 문장, "여자로 태어나는 것이 아니라 여자는 되는 것이다"로 되
         돌아갔던 일 등이 '젠더 트러블'의 기원적 사건이 되었을 가능성을 언급한
         다. 이 영화에서 버틀러는 다음과 같이 말한다. "정말 여자가 되기는 되는 것
         일까? 여자는 끝없는 되기가 아닐까? 끝나지 않는 되기. 완결도 없고 목표
         도 없는 되기가 아닐까? 그렇다면 다른 성별에도 같은 말을 해볼 수 있지 않
         을까? 남자로 태어나는 것이 아니라 남자가 되는 것이라고 할 수 있지 않
         을까? 태어날 때는 남자니 여자니 하는 성별과 함께 태어나지만 시간이 가
         면서 남자도 아니고 여자도 아닌 존재가 되어가는 것이라고 할 수는 없을
         까?"(Butler, 2020/2021: 261). 버틀러의 되기는 수행성(performativity) 측면을
         강조한 것이기 때문에 '남자 되기' 등의 상상이 가능하지만, 들뢰즈에게 되
         기 개념은 곧 소수자-되기, 지각불가능한 것-되기를 의미하기 때문에 남성
         뿐만 아니라 여성도 '여성-되기'의 과정을 거쳐야 한다고 주장한다.

는 많은 것이 걸려 있다. 버틀러에게 부정은 차이의 현현의 중심
이 되고, 반면에 들뢰즈의 경우 부정이 존재론에서 근본적인 역할
을 할 때 차이의 잠재성은 제한된다.

인정에 대한 버틀러의 입장은 강력하고 또 상당히 미묘하
다.[5] 부정의 구성적 힘constitutive power을 통한 관계의 구조를 채택하면
서 버틀러는 상호주관성을 근본적인 것으로 제시하고 타자에 대
한 우리의 본질적 의존을 강조한다. 《전쟁의 프레임》*Frames of War*에
서 버틀러는 이 상호주관성을 "내가 아닌 주체"로의 예속으로 묘
사하면서(2004: 43), 어떻게 차이가 주체성 형성에 중심이 되는지
를 설명하기 위해 이를 사용한다. 존재는 "타자를 인정하는 시각"
에 의해 확인되기 때문에, 버틀러는 "진정한 주체성은 상호인정
을 제공하는 공동체에서만 번성한다"(1999: 58)라고 쓴다. 또한 버
틀러에게 인정은 그 안에서 주체들이 생성되는 규제의 매트릭스
regulatory matrix다. 더욱이 인정 개념은 신체 정치의 중심이 된다. 신체
는 우리를 서로에게 드러나게 하는 표면이며 규범들이 감시되고
도전되는 장이다.[6] 버틀러는 특히 젠더와 섹슈얼리티의 현재 배치
에서 어떤 신체가 인정되고 그 외 다른 신체들은 인정받지 못하

---

5   버틀러 연구에서 특히 윤리적 '전회'를 위한 기반으로써 인정의 위치에 대
한 자세한 논의를 위해서는 스타크(2014)를 참조하라.

6   체화된 사회성과 관련하여 인정 개념을 살피면서, 버틀러는 헤겔에 대해 중
요한 수정사항을 제시한다. 버틀러도 인정하지만 헤겔은 신체를 단순한 의
식의 담지체로서 위치 지운다(1997: 34).

게 되는지에 관심을 둔다. 게다가 특정 신체들은 인간으로서 인정
되지만 다른 신체들은 이러한 범주에 수반되는 특권을 누릴 수 없
다. 버틀러는 트랜스젠더와 인터섹스 들의 신체가 이성애 규범의
신체와 겪는 불화를 말한다. 버틀러는 이들 신체는 투쟁하고 있
지만 인간으로서 인정의 지위를 얻는 데 실패하고 있다고 주장한
다. 그 신체들은 문자 그대로 "'진짜' 인간의 외양을 지배하는 규범
들"(2004: 28) 안에서 덜 **중요하다/물질적이다**matter. 버틀러는 신체를
특별한 방식으로 형성하고 또 의미와 가치의 현재 체계들에서 인
정받지 못하는 사람들에 대한 (종종 폭력적인) 배제의 형성에 기여
하는 인정의 물질적 효과를 수용한다. 따라서 버틀러의 프로젝트
는 더 많은 다양성이 우리의 의미 구조 안에 포함될 수 있고 더 많
은 이들이 인간으로서 인정될 수 있도록 인정을 확장하는 것이다.

  그로츠는 페미니즘 투쟁을 위한 지배적 프레임으로서의 인
정에 대한 대안을 찾으면서 들뢰즈의 연구에 관심을 돌린다. 그
로츠의 작업은 부정 대신 긍정으로 특징 지워진다. 예를 들어 그
로츠는 우리가 "불려들어가기로 선택한 종류의 투쟁들에서 더욱
기뻐하기를"(1995: 6) 간청한다. 부정을 넘어선 긍정에 대한 이러
한 신념은 브라이도티의 연구에서도 보았듯이 들뢰즈주의 페미
니즘의 한 특징이다. 브라이도티는 페미니즘이 "디오니소스적 웃
음"(Butler & Braidotti, 1994: 41)의 힘을 기억해야 한다고 주장한다.
이러한 페미니스트들에게 부정의 거부는 단지 어조의 문제가 아

니다. 대신 그들은 들뢰즈의 자기-생성적이고 증식하는 차이 개념에 특권을 부여하면서 되기의 원동력으로서의 부정을 회피한다. 이런 식으로 그들은 세상이 드러나는 방식에 대해 매우 상이한 설명을 제시한다.

버틀러와 그로츠의 연구에서 보듯이 존재론의 상이한 개념으로부터 일반적으로 정치, 구체적으로 페미니즘을 사유하는 분기적divergent 방식들이 나온다. 버틀러와 마찬가지로 그로츠에게 페미니즘은 여성 주체와 남성 주체라는 명확한 개념을 전제로 하지 않는다. 여기서 우리는 그들의 목적에서 몇 가지 뚜렷한 유사점을 본다.[7] 이미 살펴봤듯이 버틀러(1995)는 '여성' 범주를 영구적인 정치적 경합의 장으로 만드는 데 사용하는 반면, 그로츠는 페미니즘의 임무가 "여성 주체가 생산되고 재현되는 수단을 더 가동적이고 유동적이며 변형 가능한 것으로 만드는 것"이라고 주장한다(2005: 193). 그러나 이러한 공통의 신념에도 불구하고 버틀러와 그로츠는 페미니즘 정치의 실현에서 갈라진다. 헤겔적 틀 안에서 버틀러의 입장은 우리가 인정을 지배하는 "가지성의 격자들girds of intelligibility"을 확장할 필요가 있다는 것이다(2004: 35). 따라서 버틀러에 의하면, 우리는 타자들과의 관계 속에 살고 있으며, 이런 살아 있는 사회성은 우리가 차이와 조우할 때마다 인정의 틀을 확

---

[7]   그로츠는 이에 대해 성차의 부정이 아니라 성차의 "점점 늘어나는 정교함"이라고 설명한다(2005: 195).

장하도록 요구받는 관계의 구조를 결정한다. 여기서 작동하는 공동체 경험은 영원히 미래를 향해 있다. 우리는 이전에 배제되었던 사람들을 인정하기 위해 항상 인식론적 틀을 확장해야 한다. 인정에 대한 버틀러의 연구는 적법해진 정체성의 전략을 확장하는 데 전념하는 반면, 헤겔적 구조는 사물이 기존의 정체성 그리고 규범과 관련하여 발생함을 규정한다. 이는 정체성이 고정되어 있다거나 순응이 유일한 선택임을 의미하지 않는다. 전복은 버틀러의 주체에게 늘 하나의 가능성이다(1990). 즉 우리가 보았듯이 젠더는 반복적 실천이고 따라서 젠더화된 규범을 다르게 반복할 여지가 있다. 그러나 전복적 반복들조차 주체에 앞서 실존하는 구조와 관련해서만 가능하다. 따라서 버틀러가 물질적 차이를 발화하는 데 전념할지라도 이런 차이들은 항상 이전에 있었던 것과 연관이 있다. 다른 한편, 그로츠는 정체성 정치의 전면적 거부의 일환으로 인정 개념을 버린다. 그로츠의 페미니즘은 인정 정치가 될 수 없기 때문이다. 인정 정치는 사회적으로 유력한 이들이 인정 가능한 정체성을 부여하고 승인하도록 더욱 힘을 부여할 뿐이다. 나아가 그것은 기존 범주 내에서 가지적이지 않은 사람들이 기존의 의미 체제를 따르거나 확장하기 위해 고군분투하도록 요구할 것이다. 이것이 그로츠가 "지각불가능성의 정치"를 요구하는 이유다(2002: 470).

그로츠의 정치는 일관된 주체들의 정치가 아니라 주체성을

넘어선 힘들과 관련된다. 그로츠는 만약 우리가 주체성을 고립되
고 일관된 것으로 이해한다면, 우리는 사물이 상호 연결될 수 있
는 잠재적으로 무한한 방식들 그리고 정체성 모델에 의해 감지할
수 없는 방식들을 인정하지 못할 것이라고 주장한다(2005: 167).
그로츠는 다음과 같이 말한다.

> 우리가 주체랍시고 바로 이러한 힘들—사실은 우리를 주
> 체로 구성하는 힘들—의 주인 또는 행동 주체로 우리 자신을
> 상상하는 것은 유용한 허구지만 이것은 또 우리를 호도한다.
> 왜냐하면 그 허구는 세상보다는 **우리**에 대해, 우리의 정체성
> 들 그리고 개체들과 투쟁하기 때문이다. 그것은 정체성과 주
> 체성에 그럴 가치가 없는 중심성과 행동주체성을 부여하게 한
> 다. 왜냐하면 정체성과 주체성은 스스로를 생산하지 않으며 그
> 것들 이전 또 그것들 바깥의 힘들의 성취나 결과이기 때문이다
> (2005: 193-194, 원문 강조).

이러한 힘들의 이론화는 주체성을 형성하고 손상시키는, 그리고
인간보다 더 크거나 더 작은 규모로 발생하는 사물을 살펴볼 수
있게 한다. 그로츠의 페미니즘은 분석의 중심에서 주권적 주체를
축출하기 때문에 중요하다. 이는 일관된 주체성이나 정체성에 근
거를 둔 페미니즘 정치가 아니라, 세계를 영구히 유동적으로 만드

는, 이동하고^{mobile} 경합하는 힘들의 니체 개념에 근거를 둔 페미니즘 정치이며, 그러한 결과로서 페미니즘은 변화하는 힘들의 복합적이고 다면적인 동맹^{alignment}이다. 이로 인해 페미니즘은 모순적일 수 있는 여지, 또 많은 이질적 관심사와 목표를 재현할 수 있는 충분한 여지를 갖게 된다. 그러므로 문제는 현재 시스템(가부장제)을 다른 어떤 것으로 대체하는 것이 아닐 것이다. 무엇보다 이것은 예측 가능하고 딱히 혁명적이지는 않다고 그로츠는 주장한다 (2000: 215). 대신 그로츠는 끊임없고 그치지 않는 투쟁을 특징으로 하는 과정-정치$^{process-politics}$로서의 페미니즘 버전을 제시한다.

그로츠는 《미완성 되기》에서 페미니즘의 목표가 차이나 평등의 측면에서 잉태될^{conceptualized} 경우 해산^{deliver}에 실패했음을 암시한다(2011: 75). 그로츠는 페미니즘의 역사나 현재 상태를 바라보기보다는 아래와 같이 묻기 위해 미래를 바라본다.

페미니즘 이론은 무엇을 추구할 수 있나? 페미니즘 이론은 무엇을 명명하고 생산할 수 있나? 우리는 지식, 기술, 방법, 실천을 어떻게 생산할 수 있는가? 우리 자신 안에서 최고를 이끌어내고, 우리 자신을 스스로 극복할 수 있게 하며, 우리를 열어 미지의 개방된 미래를 포용하게 하고, 새로운 종류의 존재들과 주체들, 그리고 대상과의 새로운 관계를 존재하게 하는 지식, 기술, 방법, 관행을 추구할 수 있나?(2011: 75).

여기에서 그로츠는 사유를 낳고 개념을 창조하는 들뢰즈의 기획을 가장 중요한 페미니즘 관심사로 제시한다. 개념은 세계를 구성할 뿐만 아니라 미래를 예고하는 다양체^multiplicities다. 그로츠는 (페미니즘, 성차, 세계에 대해) 다르게 사유하는 것이 어떻게 우리가 새로운 사회적 실천에 참여할 수 있게 하는지를 묻는다. 주체와 인식론에 대한 강조로부터 힘과 존재론으로의 전환에 대한 그로츠의 요청은 1990년대의 몸 페미니즘과 오늘날의 신유물론의 관계를 보여준다. 이는 우리를 물질성으로 가득 찬 세계 안에서 맥락화된 몸으로 돌아가도록 초대한다. 이런 맥락에서 그로츠는 이러한 정치가 정치적 수용주의[8]로 이어지는 것이 아니라, 정체성을 포기함에 있어 행동에 전념할 필요가 있다고 주장한다(2002: 470). 더욱이 이러한 정치는 행동 뒤에 있는 사람들보다 행동 자체를 우선시할 것이다. 그런 정치는 신체의 우발적이고 변화하는 연관성을 전제로 하며, 마찬가지로 성^sex, 젠더, 섹슈얼리티, 주체성과 정치적 지형에서 미래의 배열^configuration에 개방되어 있다(2005: 193-194).

그로츠의 연구가 특징적으로 보여주듯이 들뢰즈주의 페미니즘은 조화나 포함의 관점에서 정치 공동체를 만드는 것에 대한 것이 아니다. 이는 여성이 남성과 똑같이 인정되어야 한다고 주장하

---

8   [옮긴이] 수용주의(quietism)는 상황을 변화시키려 하지 않고 그대로 받아들이는 삶의 자세를 말한다.

지 않기 때문에 평등의 페미니즘이 아니다. 또 그것은 특정 집단의 의제를 주장하는 정체성 정치도 아니다. 길들여지지 않은 차이에 대한 들뢰즈의 개념으로 인해 어떤 종류의 인정 기반 정치라도 존재론적 현실에 대한 허접한 근사치를 제공할 뿐이다. 더욱이 인정 정치는 타자성의 풍부함과 이러한 유형의 차이를 경험하는 것이 낳는 깊은 충격에 결코 적합할 수 없을 것이다. 차이는 미분적(차이생성적)differential이며 차이와의 조우는 더 큰 차이를 낳고 다양성이 풍부한 세계를 생산한다. 존재론적 차이는 인식론과 우리의 감각 체계를 끊임없이 뒤흔들 정도로 광포하다wild. 들뢰즈주의 페미니즘은 심오하고도 기쁜 차이의 정치이며 인정 개념을 피함으로써 풍부하고 복잡한 공간을 마련한다. 다음 절에서는 인정 정치가 아니라 지각불가능성의 정치가 페미니즘에 어떤 의미를 지니는지를 고찰하고자 한다.

지각불가능성의 페미니즘

페미니즘이 지각불가능성에 천착할 필요가 있다고 말하는 것이 이러한 정치가 비가시적일 것이라는 걸 의미하는 것은 아니다. 페미니즘의 지배적 방식으로서 정체성과 인정을 거부하는 것은 여성이나 여성 문제들을 사라지게 만드는 것과 다르다. 오히려 이런 페미니즘은 가지성intelligibility에 문제를 일으키는 페미니즘이다. 이것은 현재의 질서에 의해 널리 알려진 감각 체제regimes of sense 안에 포함될 것을 요구하는 그런 페미니즘이 아니다. 대신 지각불가능성의 페미니즘은 감각이 가치의 유일한 측정이라는 생각에 도전한다. 이 페미니즘은 현재의 인식론을 근본적으로 파열하고 대신 존재론적인 것, 즉 새로움으로서 차이의 끝없는 흐름을 주장한다.

이 정치는 근본적으로 유물론적 페미니즘이기 때문에 결코 소멸에 관한 것이 될 수 없다. 이것은 차이로 우글거리는 세계의 물질적 복잡성의 승인acknowledgment을 수용하면서, 동시에 세계 내 새로운 것의 생산을 촉진한다. 따라서 이 페미니즘은 성적 차이의 복잡성을 다룰 뿐만 아니라 현실적인 물질적 관계에 의해 구성되기 때문에 신체에 집중한다. 이 페미니즘은 묻는다. 우리가 함께 무엇을 만들 수 있는가? 욕망하는 기계를 어떻게 찾을 수 있는가? 사물을 함께 모으면서 우리는 어떻게 더 기쁜 정동을 생산할 수 있는가? 그로츠가 제시했듯이, 정체성보다 행위의 정치라는 점에서, 지각불가능성의 페미니즘은 무엇인가를 만드는 데 전념한다. 이 프로젝트에서 들뢰즈는 매우 귀중하다. 왜냐하면 그는 욕망의 분자적 수준에서 벌어지는 것을 검토하고, 발생하는 현실적 배치를 탐구하는 데 근본적으로 관심이 있기 때문이다. 그러므로 이 페미니즘은 들뢰즈와 가타리의 더욱 거대한 분열분석 프로젝

트의 일부분이 될 것이다. 들뢰즈는 정치를 주권적 주체의 내면성
에 두는 대신, 우리 모두를 서로 연결하고 우리가 사는 세계와 연
결하는 공간에 정치의 기반을 둔다. 이렇게 연결된 공간에만 집중
하는 정치를 구상한다는 것은, 특정 동기와 행동주체성을 지닌 다
양한 주체의 측면에서 생각하는 것으로부터, 개별적 존재들 간의
사이 공간—행동이 발생하고 있는 공간—을 살펴보는 것으로의
근본적 전환을 수반한다. 이것은 우리가 개인적 투쟁과 전념에 덜
투자하고 세계를 개조하는 연결과 동맹을 더욱 기꺼이 찾도록 하
는 잠재력을 지닌다. 반-정체성의 입장은 정치적 상대주의로 이
어진다는 점에서 종종 비판받는다. 그러나 들뢰즈는 존재를 넘어
되기(생성)에 특권을 부여하면서, 정체성보다 행동에 특권이 부여
되는 정치를 우리에게 제시한다.

　　그렇다면 이것은, 여성이 가지성에 도달하는 더 좋은 방식,
여성의 이슈를 발화하는 더 좋은 방식, 혹은 더 나은 재현 형식을
추구하는 인정의 정치가 아니다. 그것은 '여성'을 기반 또는 행동
의 토대로 주장하는 페미니즘이 아니다. 이 페미니즘의 잠재력은
남성이나 여성이 아닌 몰적 범주들 아래 존재하는 n개의 성에서
찾을 수 있다. 이러한 소수자 페미니즘의 가장 중요한 형상은 여
성-되기다. 즉 그것은 정체성이 아니라 탈주선, 즉 몰적 여성으로
부터 지각불가능하게-되기를 향해 길을 여는 운동이다. 여성-되
기의 예이자 이러한 소수자 페미니즘의 탁월한 형상은 여자아이

다. 우리는 여자아이의 작은 몸집, 혹은 여자아이를 상냥하고 장식적이며 온유하고 순종적인 존재로 틀 지웠던 문화사에 기만당할 수 없다. 여자아이는 균열을 발견하고, 감각 체계를 위기에 빠뜨리는 파열을 일으키기 때문에 엄청난 힘을 발휘한다. 지각불가능성의 페미니즘은 현 상태를 불안정하게 하고 훼손시키는 균열들 그리고 파열들과 관련된다. 이 페미니즘은 비정합성을 덮어버리는 것이 아니라 이용하는데, 왜냐하면 이 순간들은 문제적이고 또 사유를 발생시키기 때문이다. 들뢰즈는 정치적 딜레마에 대한 '만병통치약'catch-all으로 작동할 수 있는 이론적 답변을 제안했기 때문이 아니라 우리에게 문제적이고 미분적(차이생성적)인 어떤 것을 제시했기에 페미니즘 논쟁에서 의미 있는 사상가다. 그러니 이것은 단지 감각 체계를 위기에 빠뜨리는 것에 대한 것뿐 아니라 창조적인 노력에 대한 것이다. 그것은 새로운 문제들, 새로운 개념들 및 새로운 존재 방식들을 발생시킨다. 지각불가능성의 정치는 어떤 새로운 탈주선이 가능할 수 있는지, 어떻게 이것이 우리를 더 창의적으로 되게 하는지, 그리고 우리가 어떻게 새로운 정치적 존재 방식을 찾을 수 있는지를 묻는다.

지각불가능성의 페미니즘이 위기를 초래하는 틀 중 하나는 자유주의 휴머니즘이다. 페미니즘은 자유주의 휴머니즘에 대항하면서 인간의 기존 범주 안에 포함되기 위해 투쟁해 왔다. 이 책의 첫 장에서 논의했듯이 자유주의 휴머니즘은 백인이고 남성이며 문명화되고 중산층이며 교육받고 이성애주의자며 합리적이고 비장애인이라는 보편적 기준을 가정한다. 오랫동안 페미니즘은 여성이 주체, 시민, 완전한 인간으로 인정되어야 한다고 주장함으로써 이러한 범주 확장을 위해 싸워왔다. 버틀러 역시 자유주의 휴머니즘의 틀을 비판하지만 그녀의 작업에서 인간은 여전히 중심적 형상이다. 사실 인간the human은 버틀러의 인정 정치의 아바타다. 이러한 인간의 형상은 더 수용적이고 포용적이지만, 버틀러는 인간을 수용하고 인정을 위해 고군분투하면서도 우리에게 형상을 제공한 이전의 전통을 충분히 단절시키지 못한다. 지각불가능성의 정치만이 그런 단절을 이행할 수 있다. 그것은 우리가 이 틀, 그리고 그 틀이 특권을 부여하는 자율적이고 일관된 남성 주체의 모델을 포기한다는 것이 무엇을 의미하는지 묻게 한다. 브라이도티는 왜 우리가 계몽주의 남성과 함께 존속하기를 원하는지를 물어왔다. 브라이도티는 "나는 모든 인간적인 것의 추정 척도인, 그 '남성'에 대한 노스탤지어가 없다. 남성이 만든 지식의 형식과 자기재현에 대한 노스탤지어도 없다. 또 나는 남성중심적이고 유럽중심적인 휴머니즘의 역사적 몰락 이래 펼쳐온 다양한 지평을 환영한다"고 기술한다(2013: 195). 지각불가능성의 정치가 자유주의 휴머니즘 틀의 거부를 전제한다면, 이제 우리가 추구해야 할 두 가지 중요한 노선, 즉 포스트휴머니즘 페미니즘posthumanist feminism과 비인간주의 페미니즘nonhuman feminism이 남는다.

들뢰즈의 작업은 부분적으로 포스트휴머니즘적 사유의 길을 열었다. 포스트휴머니즘은 인간의 죽음이나 인간이 다른 것으로 대체되었다고 공표하지 않는다. 오히려 그것은 우리가 인간을 이해하는 틀인 계몽주의의 틀을 넘어 나아가는 것을 전제로 한다. 여러 면에서 포스트휴머니즘은 그 자체로 페미니즘적 프로젝트다. 왜냐하면 인간을 고양시켜 온 동일한 사고 체계가 여성 억압에도 또한 기여했기 때문이다. 따라서 포스트휴머니즘적 사유는 우리로 하여금 현재의 사태로 이끌어온 사유 체계 속에 존속하는 것이 무엇인지를 질문하게 한다. 지구 역사—인간의 영향력이 지구 시스템을 형성하는 지질연대인 인류세Anthropocene—에서 우리 자신의 특히 긴장된 순간을 목도할 때, 우리는 이러한 신념 체계를 비판한다는 것의 가치를 알 수 있다. 우리는 가부장제, 자본주의, 인간중심주의의 구성이 어떻게 여성과 자연을 연관 짓고 양자 모두를 착취해 왔는지 스스로 자문해 볼 필요가 있다. 이런 틀을 넘어 나아가는 것이 어떻게 여성에게 다른 존재 그리고 환경과 다른 관계를 가능하게 할까? 포스트휴머니즘 페미니즘은 자유주의 휴머니즘적 주체에 내재되어 있고 또 이를 구성하는 배재에 대한 비판과, 동시에 동물, 기술 및 비인간적인 것에 대한 이 주체의 개방에 근거해 있다. 이런 것들은 모두 들뢰즈적인 기획일 것이다.

포스트휴머니즘 페미니즘이 현현할 수 있는 방법 중 하나는 비인간주의 페미니즘으로서다. 자유주의 휴머니즘은 세계관의 중

심에 인간을 둔다. 반면 비인간주의 페미니즘은 인간을 탈중심화

시키고 정치의 방향을 바꾼다. 여성은 항상 남성보다 비인간적인

것에 더 가까웠다. 비인간주의 페미니즘은 여성을 인간으로 인정

하기 위해 싸우지 않고 계속 인간 범주에서 벗어난다. 들뢰즈는

비인간적인 것의 위대한 사상가다. 그의 작업에서는 동물, 사물,

힘, 시스템 및 비인간적 생명의 폭발을 볼 수 있다. 들뢰즈가 비인

간적인 것을 다루는 그의 작업에서 가장 중요한 것은 이 모든 실

체entities와 힘이 내재성의 평면a palne of immanence에 존재하면서 근본적

인 존재론적 평등을 부여한다는 것이다.[9] 비인간주의 페미니즘은

인간중심주의를 넘어서며 더 이상 인간의 욕망, 내면성 또는 시스

템에 투자되지 않는다. 이 페미니즘은 인간 자아들의 내면성 대신

세계를 향해 바깥쪽으로 향할 것이다. 이런 방향 변경은 인간을

인간보다 낮은 것으로 간주되던 것들 위로 끌어올리는 위계 구조

를 파괴하고 인간을 더 큰 비인간적 세계에서 재맥락화할 것이다.

이는 페미니즘에 인간 이상의 규모more-than-human scale를 제공하며, 페

미니즘은 이 위에서 하나의 페미니즘 정치를 고안할 수 있다. 콜

브룩이 상기하듯이 이는 시기적절한 정치다. 콜브룩은 "페미니즘

은 오늘날 인간의 절멸에 직면해 남자에게도 여자에게도 향하지

말아야 한다. 이 두 형상은 모두 여전히 인간으로 남아 있고 너무

---

9   들뢰즈의 연구에 있어 비인간에 대한 논의에 더 관심이 있다면 Roffe &
          Stark(2015)를 참조하라.

나 인간적이다"라고 기술한다(2014: 16). 페미니즘이 더 이상 인간
적 특권이 아니라 인간을 초월하는 생명력을 가진 힘으로서 틀 지
어진다면, 그것은 인간적인 사유에서 벗어나 인간 멸종 후에도 계
속 타당성을 가질 수 있을 것이다. 이것은 진정한 미래의 페미니
즘이며, 포스트페미니즘에 대한 궁극적 질책이다. 이 페미니즘의
거대하고 파괴적인 힘이 우리가 삶과 정치를 이해하는 참조의 조
건을 통해 무엇을 할 수 있을지 궁금해하는 것은 얼마나 흥미진진
한가.

　　따라서 지각불가능성의 페미니즘은 근본적으로 미래를 지향
한다. 지각불가능성의 페미니즘은 아직 완전한 몸의 성인이 아니
라 잠재력이 가득한 여자아이의 모습으로 구현되었기 때문에, 우
리는 이를 이해할 수 있다. 더욱이 그 여자아이 형상의 페미니즘
은, 그녀가 여성이기에 또 그녀가 성인 시민이 아니기 때문에, 결
코 온전히 인간이었던 적이 없던 하나의 형상에 힘을 부여한다.
페미니즘을 근본적으로 미래적인 것으로 제시하는 것이 페미니
즘을 목적론적이라고 말하는 것은 아니다. 들뢰즈주의 페미니즘
정치는 최종 목적지도 없고 확실한 답도 주지 않는다. 유토피아적
약속도 없다. 유토피아는, 변화란 항상 예측할 수 없다는 점에서,
들뢰즈의 전체 기획과 어울리지 않는다. 들뢰즈주의 페미니즘은
미분적(차이생성적)differential이고 문제제기적이기에 답을 찾는 페미
니즘이 될 수 없다. 문제를 찾는 과정에서 페미니즘은 오늘날 페

미니스트가 직면한 문제들, 즉 젠더가 재현되고 이해되는 방식들, 권력이 작동하는 복잡하고 종종 숨겨진 방식들, 포스트페미니즘 운동과 관련된 위험들과 이 운동이 주는 정치적 자기만족 등의 문제에 대한 새로운 접근 방식을 찾을 수 있을 것이다. 오늘날 페미니스트들이 직면하는 시급한 정치 문제는 대체로 오랫동안 여성이 직면해 온 동일한 문제의 변형들permutations이다. 여기에는 정치적 재현, 젠더와 노동, 성폭력, 신체 이미지, 성적 자유 및 재생산의 자유가 포함된다. 새로운 세대의 페미니즘 이론가들은 들뢰즈의 철학에서 이런 문제들을 방심하지 않도록 하는 혁신적 방법들을 찾을 수 있을지 모르겠다. 그의 작업이 이러한 오래된 논쟁을 다시 상상하고 다시 탐구할 수 있는 틀을 제공하기 때문이다. 그러나 들뢰즈의 작업에서 가장 유용한 점은 그것이 미래 지향적인 철학이라는 것이다. 페미니즘이 미래에 대면해야 할 이슈들이 있을 것이다. 어떤 것은 아직 존재하지 않는 것들이고, 어떤 것은 현재의 담론 체계에서 아직 인지되지 않은 것들이다. 들뢰즈의 저작은 우리가 이 불확실한 미래와, 차이의 새로운 분출, 그리고 아직 상상할 수 없는 성sex, 젠더, 섹슈얼리티의 현현을 마주하는 데 더 없이 귀중하다. 페미니즘의 정통 이론을 찾기보다 앞으로 생길 새로운 이슈들을 다룰 수 있는 데 말이다.

감사의 글

이 책을 쓰도록 제안하고 내내 여타의 조언을 해주신 이언 뷰캐넌에게 감사드립니다. 편집 및 제작 과정에 관여한 블룸스베리 출판사 직원들과 '찾아보기'를 편집한 마들렌 데이비스Madeleine Davis에게도 감사드립니다. 막바지에 꼼꼼히 연구 지원을 해준 루크 호틀Luke Hortle에게도 감사합니다.

아이디어를 펼쳐나갈 수 있도록 작업할 시간과 공간을 제공해 주고 또 까다로운 프로젝트를 감행해 준 맨디 트리거스Mandy Treagus, 들뢰즈를 연구할 때 특히 명확한 것이 중요하다고 가르쳐 준 켄 루스벤Ken Ruthven, 제 옆에서 함께 작업해 준 제시카 머렐Jessica Murrell은 박사과정 동안 제가 들뢰즈에게 관심을 갖도록 도와준 분들입니다. 감사의 마음을 전합니다. (제게는 신선하게도) 들뢰즈에 거의 관심이 없지만, 작업하는 저를 지지하고 격려해 준 제 가족 제프Jeff, 조나단Jordan, 벤 스타크Ben Stark, 조이스 디넌Joyce Dinan에게 고마움을 전합니다. 태즈메이니아 대학교의 동료들, 특히 제가 어려움에 봉착했을 때 함께해 주었던 랄프 크레인Ralph Crane과 엘 린Elle Leane에게 깊은 감사를 드립니다. 제가 순조롭게 일을 진행하도록 해주었을 뿐만 아니라 원고가 제대로 진행되지 않았을 때 가장 듣고 싶지 않았던 조언조차 해준 미셸 필리포프Michelle Phillipov에게 특히 감사의 마음을 전합니다. 들뢰즈 그리고/또는 페미니스트 이론에 대해 새로운 방식으로 생각하도록 해준 여러 동료 연구자들, 팀 로리Tim Laurie, 존 로프Jon Roffe, 기네비어 내러웨이Guinevere Narraway에게도 감사드립니다. 특히 저의 문학이론 강좌와 대학원 이론 읽기 모임에서 이론을 만나는 경이로움을 일깨워준 학생들에게 깊은 감사를 표합니다.

주로 주말을 이용해 이 책을 썼습니다. 제가 일하는 동안 우리의 삶을 꾸려준 앤 로미오^{Anne Romeo}의 사랑과 인내에 고마움을 전합니다.

역자 후기

우리(이혜수, 한희정)와 들뢰즈의 만남은 따로 또 같이 여러 해에 걸쳐 이어졌으며, 이 책을 같이 번역함으로써 그 만남은 또 다른 새로운 되기(생성)로 나아갔다. 우리 중 한 사람은 영국소설을 연구하는 영문학자이고 다른 한 사람은 미디어와 젠더에 관심을 둔 언론 연구자다. 우리 둘은 들뢰즈 공부를 각자의 자리에서 또 공부모임을 통해 함께해 왔으나, 지금까지 어떤 학연으로도 맺어진 관계가 아니기에 '리좀적 만남'이란 이런 것이 아닐까 상상해 본다. 우리는 각자의 학문 분야에서 페미니즘과의 연결을 중시하고, 들뢰즈를 좋아하고, 앞으로도 들뢰즈 철학을 계속 공부하고 싶은 공통점이 있을 뿐이다. 함께 번역 작업을 하는 동안 서로 재촉하지 않았으며, 느긋하면서도 책임감 있게 배움의 역량을 키워나갈 수 있었다.

들뢰즈(와 가타리)의 책들은 워낙 난해하기로 유명하고 철학사, 문학, 언어학, 생물학, 미학, 영화, 음악, 미술 등 다양한 방면을 다루고 있기에 그(들)의 철학 세계 전반을 섭렵하기는 쉽지 않다. 그러나 페미니즘 전반을 소개하고 특히 들뢰즈 철학의 영향을 받은 페미니즘을 소개하는 이 책은 들뢰즈나 페미니즘을 깊이 공부하지 않았더라도 소화하기가 크게 어렵지 않을 것이라고 생각한다. 명확하고 체계적으로 들뢰즈의 주요 개념을 설명하고 있으면서 동시에 들뢰즈 철학이 페미니즘의 이론과 실천에 가져다준 긍정적 영향에 대해 핵심 내용을 짚어주기 때문이다. 각 장의 내용을 요약하면 다음과 같다.

1장 "사유"는 서양 역사에서 사유와 담론이 지닌 남성중심주의적 성격을 고찰하면서 페미니즘의 역사적 발생이 계몽주의와 자유주의 휴머니즘의 보편주의에 내재된 '배제'에 대한 광범위한 비판과 연관되어 있음을 지적한다. 나아가 계몽주의적 사유와 주체 모델에 대한 근본적 대안을 제시하는 들뢰즈의 사상이 페미니스트들에게 유용한 아군이 될 수 있음을 주장한다. 계몽주의 이후 사유에 적합하다고 여겨졌던 이성과 합리성 모델은 전통적으로 여성을 배제하면서 남성적인 것으로 젠더화되었으며, 그 결과 여성은 남성보다 더 육체적이고 더 자연적이며 더 수동적인 존재로 여겨졌다. 이에 대한 저항으로 촉발된 영미 페미니즘은 여성도 근본적으로 남성과 동등함을 주장한 제1물결 페미니즘, 남성과 구분되는 여성의 본질적인 성차를 강조하면서 돌봄, 정동지능, 자연친화력 등 전통적으로 여성과 결부되었던 특징을 강조한 제2물결 페미니즘, 본질주의를 거부하고 여성을 언어 내의 구조적 위치로 자리매김하는 버틀러를 중심으로 하는 제3물결 페미니즘으로 이어진다. 반면 식수, 이리가레, 크리스테바 등을 중심으로 한 이론 중심의 프랑스 페미니즘은 남성과 다른 여성의 성적 차이를 강조하면서 합리성과 이성의 젠더화에 대한 비판에 특히 집중했다. 들뢰즈의 사유는 이성에 대한 관습적 이해에 맞서고 사유에 대한 전통적 이미지를 파괴하면서, 사유를 한다는 것이 새로움으로서의

차이와 만나는 것임을 강조한다. 또 데카르트의 반대편에서, 사유
란 '주체'나 '코기토'가 아니라 '수동적 자아'나 '애벌레 주체'에 의
해 촉진되는 것임을 주장한다. 저자는 들뢰즈가 제시하는 이성에
대한 비판과 사유의 새로운 모델이 페미니즘 이론에 유용한 도구
가 될 수 있음을 거듭해 강조한다.

　　2장 "되기"에서는 들뢰즈가 동일성(정체성)의 대안으로 제시
한 '되기' 개념이, 왜 관계 맺기의 새로운 방식을 산출하게 되는지,
그리고 생성의 개념으로 이해할 수 있는지 설명한다. 이 장에서는
《천 개의 고원》의 열 번째 고원에서 중점적으로 논의하고 있는
여성-되기, 아이-되기, 동물-되기, 식물-되기를 거쳐 기본입자-되
기, 세포-되기, 분자-되기, 지각불가능하게-되기 등 되기의 연속
체적 윤곽을 보여준다. 더불어 뤼스 이리가레, 앨리스 자딘, 로지
브라이도티 같은 페미니스트 학자들의 들뢰즈 작업에 관한 초기
의 비판적 평가도 소개한다. 이들은 여성-되기가 성차를 지운다
는 비판에 한목소리를 낸다. 이처럼 초기에 여성-되기 개념이 페
미니스트들로부터 비판을 받기도 했지만, 이는 페미니즘 이론에
빈번히 활용되는 개념이기도 하다. 되기(생성)의 목적은 몰적인 것
을 해체하고 분자적으로 되는 것이며, 탈주의 운동을 통해 소수
자가 됨으로써 다수자들을 무너뜨리는 것이기도 하다. 따라서 분
자적-되기만이 있을 뿐이며 몰적-되기는 없다. 또한 남성은 전형
적인 다수적 형상이기 때문에 남성-되기는 있을 수 없으며 오히

려 남성과 여성 모두 소수자-되기를 위해 여성-되기를 통과할 필요가 있다. 이는 여성이 가진 어떤 내재적 특질 때문이 아니라, 여성이 가부장제 안에서 소수적이기 때문이다. 여성-되기나 여자아이-되기는 여자아이 입자들이 방출될 수 있고, 사회적 장을 통해 흐를 수 있도록 여자아이의 코드를 푸는 것에 관한 것이다. 지각불가능하게-되기는 어떤 방식으로든 더는 지각 가능하지 않은 세계와 더불어 내재성의 상태를 이루는 것이다. 이제 지각불가능하게-되기를 통해 주체나 객체가 아니라 세상의 분자적 흐름으로 용해된다. 이는 개인들을 남성이나 여성, 어른이나 아이 같은 몰적 정체성 너머로 이끌고 정체성에 대한 이분법적 사고를 와해시킨다. 나아가 인간 주체성뿐만 아니라 우리가 사는 권력의 구조에도 영향을 미친다. 지각불가능하게-되기는 존재의 일의성(모든 것이 기본적인 평등성을 공유하는)에 이르는 길이다. 모든 되기들은 소수자-되기이며, 권력을 지층화하고 억압을 창출하는 모든 위계질서를 필연적으로 분열시킨다. 여성-되기는 페미니즘이 필요로 하는 형상이며, 여성의 모방이나 패러디가 아니라 새로운 정동, 새로운 사유방식과 존재를 가능하게 한다. 그것은 들뢰즈와 가타리가 단언한 "수없이 많은 작은 성들"에 초점을 맞춘 탈-젠더 정치를 향한다. 여성-되기의 페미니즘은 여성들을 과거의 모델에 가두는 본질주의와 범주의 고정성의 해체에 관한 것이다.

　　3장 "욕망"은 주로 《안티-오이디푸스》를 중심으로 정신분석

학에 대한 들뢰즈와 가타리의 문제 제기와 생산으로서의 욕망과
무의식이란 새로운 이론을 설명하고, 특히 그들의 이론이 페미니
즘의 주요 관심사 중 하나인 섹슈얼리티와 에로티시즘를 새롭게
사유하는 데 어떻게 기여하는지를 살펴본다. 들뢰즈와 가타리는
욕망을 결핍과 부재로 정의하는 정신분석학, 특히 욕망을 가족구
조 안에 놓으면서 제한하고 있는 오이디푸스 삼각형을 비판하면
서, 욕망의 분자적 특징과 사회적·역사적 성격을 강조한다. 무의
식은 오이디푸스의 드라마가 펼쳐지는 '극장'이 아니라 긍정적이
고 생산적인 욕망이 생산되는 '공장'이라는 것이다. 고정되고 안정
화된 주체의 욕망이 아니라 주체 형성 이전에 존재하는 들뢰즈와
가타리의 '욕망하는 기계' 개념은, 남근과 거세 중심의 내러티브에
함몰된 정신분석학의 욕망 개념을 넘어 욕망의 잉여적 본성을 강
조하면서 분자적 섹슈얼리티의 개념으로 나아간다. 하나의 성 혹
은 두 개의 성이 아니라 n개의 성이 그것이다. 욕망은 그 자체로
분자적이며 미시적 과정을 통해 작동하기에 인간의 성은 비인간
적인 것에 열리고 또 에로티시즘은 인격화에서 해방될 수 있다. n
개의 성에 기반한 에로티시즘은 남녀에게 부여된 관습적 역할을
지속하는 대신, 인격 아래 존재하는 욕망의 작용을 통해 거세에
기반한 성차의 성심리적 생산을 넘어 새로운 신체를 만들고 또 새
로운 방식으로 신체를 경험할 수 있게 해준다. 저자는 "나는 에로
틱한 것이 들뢰즈적이라고까지 말하고 싶다. 왜냐하면 들뢰즈는

우리가 정신분석학 그리고 욕망과 결핍의 파괴적이고 젠더화된 상관관계를 극복할 수 있게 해주는 사상가이기 때문이다"라고 쓴다.

4장 "신체"에서는 페미니즘 이론 안에서 차이의 문제를 다루는데, 이는 성별화된 신체나 성차의 문제에 주목하는 일이다. 들뢰즈는 서양철학의 주요 패러다임을 전복하는 방편으로 신체를 재개념화하면서 데카르트의 정신/신체 이분법으로부터 신체의 중요성을 복원한다. 이 장에서는 섹스와 젠더 개념에 대해 주디스 버틀러, 모이라 게이튼스, 엘리자베스 그로츠, 로지 브라이도티까지 계보적으로 설명하면서 섹스와 젠더는 임의로 연결되지 않으며 사회적·역사적 맥락에서 섹스와 젠더, 자연과 문화의 범주는 필연적으로 상호오염되어 있음을 밝힌다. 이들 페미니스트의 작업은 우리가 젠더 너머를 사유하고 신체 그 자체의 성별화된 구체성을 기억할 필요가 있음을 상기시킨다. 브라이도티는 이것이 "긍정적 힘으로서의 성차"를 사유하는 프로젝트임을 주장한다. 들뢰즈는 섹스/젠더 대신에 다양한 방식으로 조직되는 생명작용의 "강도적이고 발생적인 유동성"을 기술한다. 이때 차이는 젠더화된 것보다 성적인 것이다. 차이를 낳는 것은 젠더가 아니라 섹스 그 자체인 것이다. 성차는 무한하게 상이한 유전적 조합이 생산되고 새로운 신체들이 태어나는 발생의 메커니즘이다. 들뢰즈와 가타리는 신체의 공시적 조직화에 주목하기보다는 성차가 어떻게 이러한 조직의 메커니즘이 되는지에 관심을 둔다. 《안티-오이디푸스》에 기술된 자본, 오이디푸스 가족구조, 친족관계 그리고 주체성의 전통적 이해를 비판함으로써 성^sex, 젠더, 섹슈얼리티의 개념이 무한히 다양한 신체들이 단지 '남성'과 '여성'의 범주로 영토화된 상태임을 보여준다. 이들은 스피노자의 공통개념을 차용해 정체성보다는 정동과 행동에 특권을 부여하고, 신체를 존재보다 실천의 관점에서 개념화한다. 이러한 들뢰즈와 가타리의 신체 개념은 체현된 차이와 비표준적 신체를 고찰하는 데 특히 유용하다. 들뢰즈의 유물론적 정치학에서 사회성은 신체들의 합성을 통해 구성된다. 안정적인 자율적 주체의 부재 상태에서 들뢰즈는 신체를 정치적 행동의 장소로 삼는다. 이때 정치는 신체적 차원에 놓이지만, 들뢰즈적 체현의 집합적 성격으로 인해, 이것이 개인적으로 이루어지는 것은 아니다. 이는 우리가 사회적 구조를 신체 간의 마주침을 협상하는 윤리적 공간으로 생각할 수 있음을 의미하며 이런 과정들은 글자 그대로 세계를 만드는 일이다.

　　5장 "차이"는 들뢰즈의 주저라 할 수 있는 《차이와 반복》을 중심으로 그의 순수 차이 개념을 살펴본다. 나아가 차이의 철학이 여성이라는 정체성(동일성)을 기반으로 하는 정치를 지향하는 페미니즘을 어떻게 해체하는지를 검토하고, 또 다양한 정체성 위치를 고려하는 교차적 페미니즘과의 관계를 살펴본다. 들뢰즈는 동일성을 차이 이전에 두면서 재현에 종속시키는 아리스토텔레스, 그리고 동일성을 절대적인 것으로 만드는 헤겔과 라이프니츠를 비판하면서, 그 자체로 능동적이며 형이상학적 우선성을 지니는 차이의 순수한 형태를 강조한다. 또 반복의 관습적 의미에 도전하면서, 영원회귀가 이전의 동일성이 반복되는 것이 아니라 순수 차이가 되풀이되면서 생성으로 나아가는 것임을 주장한다. 들뢰즈의 차이는 창조적이고 독특하며 미분적(차이생성적)인 것이다. 이는 특히 잠재성에서 현실성으로 나아가는 움직임에서 특권화되는데, 구조는 발생에 선행하지 않고 대신 유전적이고 분자적인 차이들을 조직하는 방식으로 발생하기 때문이다. 또 들뢰즈의 차이와 반복의 존재론은 정치와 관련한 페미니즘 이론에 여러 구체적인 문제들을 제기한다. 페미니즘 정치학의 토대로서 여성이라는 정체성은 논란의 대상이 될 수밖에 없다. 저자는 페미니즘 운동에서 여성이 남성으로부터 자율성을 찾는 것이 역사적으로 중요했다는 것은 의심할 여지가 없지만, 지금은 페미니즘을 우리 사회에서 가부장제가 작동하는 문제적 방식에 도전하는 모든 이들과 연대하는 사회적 기획으로 볼 때임을 주장한다. 정체성 정치가 아닌 차이의 정치, 특히 기존 질서를 해체하는 데 집중하는 소수자 정치학과 미시정치를 강조하는 들뢰즈의 철학은 이러한 새로운 페미니즘 정치에 유용하다. 나아가 개인이 하나 이상의 정체성 위치, 즉 교차적 차이들을 가졌음에 주목하는 교차적 페미니즘(가령 생태페미니즘)은 페미니즘이 개입해야 하는 중요한 지점이 가부

장제를 넘어 복잡하고 다양한 측면을 지닌 억압의 구조임을 강조
하는데, 여기서도 들뢰즈적 교차성은 풍부한 가능성을 제시한다.
즉 들뢰즈적인 교차적 페미니즘은 어떤 억압의 범주 아래서든 수
천의 미세한 교차성들이 있음을 강조하고 차이를 되기의 관점에
서 개념화함으로써 분자적 되기와 탈주선의 미시정치학을 강조
한다.

6장 "정치"에서 우선 들뢰즈는 정치적 시민을 상상하는 근거
가 되는 틀로서 행위 주체 같은 우리가 상상하는 방식의 주체성의
양상을 거부한다. 들뢰즈는 주체 개념을, 주체 수준의 위, 아래 양
쪽에 존재하는 미시적이고 거시적인 과정의 효과로 여기기 때문
이다. 나아가 인정의 정치에 반대하는 들뢰즈주의 페미니즘은 정
치와 정치적 공동체에 대해 사유하도록 도와준다. 그동안 인정 투
쟁은 정체성과 차이가 어떻게 기능하는지 사유하는 데 매우 중요
했고 따라서 다문화주의와 탈식민주의에 대한 논쟁이나 페미니
즘에 대한 논쟁에서 매우 유용하다는 것이 확인되었다. 인정에 대
한 호소는 종종 차이를 드러내 주지만, 이것의 위험성은 가시성
visibility의 체제와 공모한다는 것이다. 이런 식으로 인정은 가시적이
고 분절적인 것으로 코드화되고 인정 너머의 것은 보지 못하게 한
다. 이 책에서 저자는 주디스 버틀러의 인정 정치가 타자성의 제
한된 개념만을 허락하고, 그녀의 주체성과 상호주체성이 부정성
negativity에 근거를 두고 있음을 보여준다. 이와 달리 엘리자베스 그

로츠는 긍정적이고 기쁨에 찬 페미니즘 정치, 즉 들뢰즈가 이론화한 심오한 차이에 열려 있는 '지각불가능성'imperceptibility의 페미니즘 정치를 주장한다. 이는 가지성intelligibility에 문제를 일으키는 페미니즘이기도 하다. 지각불가능성의 페미니즘은 현재의 인식론을 근본적으로 파열하고 그 대신 존재론적인 것, 즉 새로움으로서 차이의 끝없는 흐름을 주장한다. 이러한 소수자 페미니즘의 가장 중요한 형상은 여성-되기다. 즉 그것은 정체성이 아니라 탈주선으로, 몰적 여성으로부터 지각불가능하게-되기를 향해 길을 여는 운동이다. 근본적으로 유물론적인 이 지각불가능성의 페미니즘은 우리에게 질문하게 한다. 우리가 함께 무엇을 만들 수 있는가? 욕망하는 기계를 어떻게 찾을 수 있는가? 서로 조우하면서 어떻게 더욱 기쁨을 주는 정동을 생산할 수 있을까?

덧붙이자면 들뢰즈의 철학은 근래 여러 갈래에서 언급되고 있는 신유물론적 페미니즘new materialist feminism으로 가는 첫 길목으로서도 유용하다. 신유물론적 페미니즘은 '신체성'에 대한 새로운 담론 생산을 통해 근대적 주체를 비판하고 반인간주의와 자연주의를 추구하며 비인간 행위자에 대한 새로운 시각을 제안한다. 또 여'성'을 특권화하지 않으면서도 여성이 지니는 특수한 저항적 위치성을 긍정한다. 이러한 신유물론적 페미니즘의 특성은 성을 이분법적으로 정의하지 않는 들뢰즈와 가타리 철학의 근간과도 일맥상통한다. 이 책은 로지 브라이도티, 엘리자베스 그로츠, 카렌

바라드[Karen Barad], 제인 베넷[Jane Bennett] 등 들뢰즈 철학을 전유한 페미니스트는 물론이고 브뤼노 라투르의 영향을 받은 도나 헤러웨이[Donna Haraway], 들뢰즈를 직접적으로 경유하지는 않았지만 과학, 기후, 환경의 관계를 '횡단-신체성'[transcorporeality]으로 개념화한 생태주의 페미니스트 스테이시 앨러이모[Stacy Alaimo], 또 종과 멸종의 문제를 재사유해 온 생태철학자 발 플럼우드[Val Plumwood] 등 신유물론적 페미니스트들을 이해하는 데도 도움이 된다.

특히 브라이도티는 《유목적 주체》에서 "사이보그는 젠더뿐만 아니라 인종, 계급, 세대를 횡단하면서 그것의 배치를 바꾸고 페미니스트와 혁명가들을 위한 다양한 장소를 제공한다. 이러한 사이보그라 하더라도, '성별화된 젠더'의 오랜 관습을 넘어설 방향을 설정해 주지 않으면 쓸모없는 것이 될 가능성이 높다"라고 말한다. 브라이도티는 젠더화된 담론에 대한 투쟁뿐 아니라 수행적 실천이 필요함을 역설하고 유목적 페미니즘의 주체로서 여성이 현재에 관한 지도제작[cartography]을 수행하도록 요청한다. 이때 요구되는 것은 긍정의 윤리학이며 성별화된 젠더가 더 이상 작동되지 않을 때까지 지금/여기 배치에서 균열을 일으키는 소수적 진지를 반복하여 구축하는 일이다. 이는 들뢰즈 철학에서 태동한 신유물론적 의미에서의 수행성[performativity]이라고 할 수 있다.

여성이나 소수자 불평등이 구조적인 문제로 받아들여지지

않고 젠더를 정치적으로 활용하고 있는 한국의 정치 현실에서 들뢰즈와 가타리의 여러 철학 개념들은 시사하는 바가 크다. 무엇보다 들뢰즈주의 페미니즘은 젠더 정치가 어떤 페미니즘 운동에서든 그 자체로서 목적이 될 수 없음을 보여준다. 페미니즘은 젠더 평등 자체를 의미한다기보다, 성 현상으로서의 섹슈얼리티, 계급, 문화와 같은 매우 복잡한 요소들을 기반으로 젠더 너머를 사유해야 하는 실천 운동이기 때문이다. 이 책에서도 언급하듯이 클레어 콜브룩은 젠더 정치가 성공하면 페미니즘은 더 이상 필요하지 않냐고 반문하면서 젠더의 종말보다 자본주의나 세상 그 자체의 종말을 상상하는 것이 더 쉬울 것이라고 언급한 바 있다. 젠더 정치에 휘둘리는 현실에서 들뢰즈주의 페미니즘이 지금, 여기, 우리에게 사유의 깊이와 단단함을 가져다주리라 생각한다.

학교 밖의 공부 공동체가 없었다면 들뢰즈 철학을 끈질기게 읽어나가기 어려웠을 것이다. 그동안 철학 공부를 하면서 많은 분께 신세를 졌다. 무엇보다 3년 넘게 매주 들뢰즈 책들을 함께 읽었던 들뢰즈 세미나 팀원들, 특히 황선애·박연희·김연실 선생님께 고마움을 전한다. 이 책의 번역을 처음 제의해 주신 전방욱 선생님께도 감사드린다. 이 번역의 미진함은 모두 역자들의 부족함으로 인한 것이다. 마지막으로 좋은 책의 번역을 권하고 응원해 주셨던 고 송성호 대표님. '지속가능한 삶을 위한 다른 생각'에 뜻을 두셨고, 음악을 사랑하셨으며, 지난여름 갑자기 돌아가셔서 우리

의 마음을 울린 이상북스 송성호 대표께 깊은 애도와 감사의 마음
을 전한다. 더불어 끝까지 꼼꼼하게 원고를 다듬고 여러 모로 애
써주신 김영미 편집장께도 고마움을 전한다.

2023년 2월

이혜수, 한희정

참고문헌

Artaud, Antonin, 1976, *Selected Writings*, Edited by Susan Sontag, Translated by Helen Weaver, New York: Farrar, Straus and Giroux.

Attridge, Derek, 1999, "Innovation, Literature, Ethics: Relating to the Other", *PMLA* 114 (1): 20-31.

Badiou, Alain, 2001, *Ethics: An Essay on the Understanding of Evil*, Translated by Peter Hallward, London and New York: Verso.

Beauvoir, Simone de, 2011, *The Second Sex*, Translated by Constance Borde and Sheila Malovany-Chevallier, London: Vintage. 《제2의 성》, 이정순 역(을유문화사, 2021).

Beckman, Frida, 2011, "What is Sex? An Introduction to the Sexual Philosophy of Deleuze and Guattari", In *Deleuze and Sex*, edited by Frida Beckman, 1-29, Edinburgh: Edinburgh University Press.

Beebee, Helen and Jenny Saul, 2011, *Women in Philosophy in the UK: A Report by the British Philosophical Association and the Society for Women in Philosophy UK*, London: BPA/SWIPUK.

Berlant, Lauren, 2012, *Desire/Love*, Brooklyn, NY: Punctum.

Berlant, Lauren and Michael Warner, 1998, "Sex in Public", *Critical Inquiry* 24 (2): 547-566.

Bignall, Simone, 2010, *Postcolonial Agency: Critique and Constructivism*, Edinburgh: Edinburgh University Press.

Bogue, Ronald, 2009, "Speranza, the Wandering Island", *Deleuze Studies* 3 (1): 124-134.

Bourg, Julian, 2007, *From Revolution to Ethics: May 1968 and Contemporary French Thought*, Montreal: McGill-Queen"s University Press.

Braidotti, Rosi, 1991, *Patterns of Dissonance: A Study of Women in Philosophy*, Translated by Elizabeth Guild, New York: Routledge.

Braidotti, Rosi, 2001, *Metamorphoses: Towards a Materialist Theory of Becoming*, Cambridge and Malden, MA: Polity. 《변신: 되기의 유물론을 향해》, 김은주

232

역(꿈꾼문고, 2020).

Braidotti, Rosi, 2006, *Transpositions: On Nomadic Ethics*, Cambridge and Malden, MA: Polity. 《트랜스포지션: 유목적 윤리학》, 김은주·박미선·이현재·황주영 역(문화과학사, 2011).

Braidotti, Rosi, 2011, *Nomadic Subjects: Embodiment and Sexual Difference in Contemporary Feminist Theory*, 2nd edn, New York: Columbia University Press. 《유목적 주체: 우리 시대 페미니즘 이론에서 체현과 성차의 문제》, 박미선 역(여이연, 2004).

Braidotti, Rosi, 2013, *The Posthuman*, Cambridge and Malden, MA: Polity. 《포스트휴먼》, 이경란 역(아카넷, 2015).

Brooks, Ann, 1997, *Postfeminisms: Feminism, Cultural Theory and Cultural Forms*, London and New York: Routledge. 《포스트페미니즘과 문화 이론》, 김명혜 역(한나래, 2003).

Buchanan, Ian, 2008, *Deleuze and Guattari's Anti-Oedipus: A Reader's Guide*, London and New York: Continuum. 《『안티-오이디푸스』 읽기》, 이규원·최승현 역(그린비, 2020).

Buchanan, Ian and Claire Colebrook, eds, 2000, *Deleuze and Feminist Theory*, Edinburgh: Edinburgh University Press.

Butler, Judith, 1990, *Gender Trouble: Feminism and the Subversion of Identity*, New York: Routledge. 《젠더 트러블: 페미니즘과 정체성의 전복》, 조현준 역(문학동네, 2008)

Butler, Judith, 1993, *Bodies That Matter: On the Discursive Limits of "Sex"*, London and New York: Routledge. 《의미를 체현하는 육체》, 김윤상 역(인간사랑, 2003).

Butler, Judith, 1995, "Contingent Foundations: Feminism and the Question of "Postmodernism"", In *Feminist Contentions: A Philosophical Exchange*, edited by Seyla Benhabib, Judith Butler, Druscilla Cornell and Nancy Fraser, 35–57, New York and London: Routledge.

Butler, Judith, 1997, *The Psychic Life of Power: Theories in Subjection*, Stanford, CT: Stanford University Press. 《권력의 정신적 삶: 예속화의 이론들》, 강경덕·김세서리아 역(그린비, 2019).

Butler, Judith, 1999, *Subjects of Desire: Hegelian Reflections in Twentieth-Century France*, New York: Columbia University Press.

Butler, Judith, 2004, *Undoing Gender*, New York and London: Routledge. 《젠더 허물기》, 조현준 역(문학과지성사, 2015).

Butler, Judith, 2009, *Frames of War: When is Life Grievable?*, London and New York: Verso.

Butler, J, 2020, *The Force of Nonviolence: An Ethico-Political Bind*, Verso. 《비폭력의 힘: 윤리학-정치학 잇기》, 김정아 역(문학동네, 2021).

Butler, Judith and Rosi Braidotti, 1994, "Rosi Braidotti with Judith Butler: Feminism by Any Other Name", *Differences: A Journal of Feminist Cultural Studies* 6 (2–3): 27–61.

Cixous, Helene, 1976, "The Laugh of the Medusa", Translated by Keith Cohen and Paula Cohen, *Signs* 1 (4): 875–893.

Colebrook, Claire, 2012a, "Introduction: Extinction, Framing the End of Species", In *Extinction*, edited by Claire Colebrook, Ann Arbor, MI: Open Humanities Press, Available online: http://www. livingbooksaboutlife.org/ books/Extinction (accessed 18 May 2016).

Colebrook, Claire, 2012b, "Sexual Indifference", In *Telemorphosis: Theory in the Era of Climate Change, Vol, 1*, edited by Tom Cohen, 167–182, Ann Arbor, MI: Open Humanities Press.

Colebrook, Claire (ed.), 2014, *Sex After Life: Essays on Extinction, Vol. 2*, Ann Arbor, MI: Open Humanities Press.

Cudworth, Erika, 2005, *Developing Ecofeminist Theory: The Complexity of Difference*, Basingstoke: Palgrave Macmillan.

Defoe, Daniel, 1868, Robinson Crusoe, London: Macmillan. 《로빈슨 크루소》, 윤혜준 역(을유문화사, 2008).

Deleuze, Gilles, 1988, *Spinoza: Practical Philosophy*, Translated by Robert Hurley, San Francisco: City Lights Books. 《스피노자의 철학》, 박기순 역(민음사, 2001).

Deleuze, Gilles, 1990, *The Logic of Sense*, Translated by Mark Lester with Charles Stivale, New York: Columbia University Press. 《의미의 논리》, 이정우 역(한길사, 1999).

Deleuze, Gilles, 1991, *Bergsonism*, Translated by Hugh Tomlinson and Barbara Habberjam, New York: Zone Books. 《베르그손주의》, 김재인 역(그린비, 2021).

Deleuze, Gilles, 1992, *Expressionism in Philosophy: Spinoza*, Translated by Martin Joughin, New York: Zone Books. 《스피노자와 표현 문제》, 현영종·권순모 역(그린비, 2019).

Deleuze, Gilles, 1994, *Difference and Repetition*, Translated by Paul Patton, New York: Columbia University Press. 《차이와 반복》, 김상환 역(민음사, 2004).

Deleuze, Gilles, 2000a, "Bergson"s Conception of Difference", Translated by Melissa McMahon, In *The New Bergson*, edited by John Mullarky, 42-65, Manchester: Manchester University Press. 〈베르그손에 있어서의 차이의 개념〉, 《들뢰즈가 만든 철학사》, 박정태 역(이학사, 2019).

Deleuze, Gilles, 2000b, *Proust and Signs*, Translated by Richard Howard, Minneapolis: University of Minnesota Press. 《프루스트와 기호들》, 서동욱·이충민 역(민음사, 2004).

Deleuze, Gilles, 2004, Desert Islands and Other Texts 1953-1974, Translated by Mike Taormina, London and Cambridge, MA: MIT Press.

Deleuze, Gilles, 2006, *Nietzsche and Philosophy*, Translated by Hugh Tomlinson, New York: Columbia University Press. 《니체와 철학》, 이경신 역(민음사, 2001).

Deleuze, Gilles, 2007, *Two Regimes of Madness: Texts and Interviews 1975-1995*, Edited by David Lapoujade, Translated by Ames Hodges and Mike Taormina, New York and Los Angeles: Semiotext(e). 《들뢰즈 다양체》, 서창현 역(갈무리, 2022).

Deleuze, Gilles and Felix Guattari, 1986, *Kafka: Toward a Minor Literature*, Translated by Dana Polan, Minneapolis and London: University of Minnesota Press. 《카프카: 소수적인 문학을 위하여》, 이진경 역(동문선, 2001).

Deleuze, Gilles and Felix Guattari, 1994, *What is Philosophy?*, Translated by Hugh Tomlinson and Graham Burchell, New York: Columbia University Press. 《철학이란 무엇인가》, 이정임·윤정임 역(현대미학사, 1999).

Deleuze, Gilles and Felix Guattari, 2004, *A Thousand Plateaus: Capitalism and Schizophrenia*, Translated by Brian Massumi, London: Continuum. 《천 개의 고원》, 김재인 역(새물결, 2001).

Deleuze, Gilles and Felix Guattari, 2005, *Anti-Oedipus: Capitalism and Schizophrenia*, Translated by Robert Hurley, Mark Seem and Helen R, Lane, Minneapolis: Minnesota University Press. 《안티 오이디푸스》, 김재인 역(민음사, 2014).

Deleuze, Gilles and Claire Parnet, 2002, *Dialogues*, Translated by Hugh Tomlinson and Barbara Habberjam, New York: Columbia University

Press. 《디알로그》, 허희정·전승화 역(동문선, 2021).

Derrida, Jacques, 1976, *Of Grammatology*, Translated by Gayatri Chakravorty Spivak, Baltimore, MD: Johns Hopkins University Press.

Diamond, Irene and Lee Quinby, eds, 1988, *Feminism and Foucault: Reflections on Resistance*, Boston: Northeastern University Press.

Diprose, Rosalyn, 2002, *Corporeal Generosity: On Giving with Nietzsche, Merleau-Ponty, and Levinas*, Albany: State University of New York Press.

Dolphijn, Rick and Iris van der Tuin, 2012, "A Thousand Intersections: Linguisticism, Feminism, Racism and Deleuzian Becomings", In *Deleuze and Race*, edited by Arun Saldanha and Jason Michael Adams, 129-143, Edinburgh: Edinburgh University Press.

Dosse, Francois, 2011, *Gilles Deleuze and Felix Guattari: Intersecting Lives*, Translated by Deborah Glassman, New York: Columbia University Press.

Driscoll, Catherine, 1997, "The Little Girl: Deleuze and Guattari", In *Critical Assessments of Leading Philosophers, Vol 3*, edited by Gary Genosko, 1462-1479, London: Routledge.

Driscoll, Catherine, 2000, "The Woman in Process: Deleuze, Kristeva and Feminism", In *Deleuze and Feminist Theory*, edited by Ian Buchanan and Claire Colebrook, 64-85, Edinburgh: Edinburgh University Press.

Edelman, Lee, 2004, *No Future: Queer Theory and the Death Drive*, Durham, NC: Duke University Press.

Foucault, Michel, 1977, *Language, Counter-Memory, Practice: Selected Essays and Interviews*, Edited by Donald F, Bouchard, Translated by Donald F, Bouchard and Sherry Simon, Ithaca, NY: Cornell University Press.

Foucault, Michel, 1989a, *The Archaeology of Knowledge*, Translated by A, M, Sheridan Smith, London and New York: Routledge. 《지식의 고고학》, 이정우 역(민음사, 2000).

Foucault, Michel, 1989b, *The Order of Things: An Archaeology of the Human Sciences*, London and New York: Routledge. 《말과 사물》, 이규현 역(민음사, 2012).

Fraser, Nancy, 2003, "Social Justices in the Age of Identity Politics: Redistribution, Recognition, and Participation", In *Redistribution or Recognition?: A Political Philosophical Exchange*, edited by Nancy Fraser and Axel Honneth, 7-119, London and New York: Verso.

Fraser, Nancy, 2005, "Mapping the Feminist Imagination: From Redistribution to Recognition to Representation", *Constellations* 12 (3): 295–307.

Freud, Sigmund, 2001, "Some Psychical Consequences of the Anatomical Distinction between the Sexes", In *The Standard Edition of the Complete Psychological Works of Sigmund Freud, Vol 19: The Ego and the Id and Other Works*, Translated by James Strachey with Anna Freud, Alix Strachey and Alan Tyson, 248–260, London: Vintage.

Freud, Sigmund, 2011, *Three Essays on the Theory of Sexuality*, Translated by James Strachey, Eastford, CT: Martino.《성욕에 관한 세 편의 에세이》, 박종대 역 (열린책들, 2020[개정판]).

Friedan, Betty, 2010, *The Feminine Mystique*, New York: W, W, Norton.《여성성의 신화: 새로운 길 위에 있는 우리 모두에게 용기를》, 김현우 역(갈라파고스, 2018).

Gatens, Moira, 1996, *Imaginary Bodies: Ethics, Power and Corporeality*, New York and London: Routledge.《상상적 신체: 윤리학, 권력, 신체성》, 조꽃씨 역(도서출판b, 2021).

Gatens, Moira, 2000, "Feminism as a "Password": Re-thinking the "Possible" with Spinoza and Deleuze", *Hypatia: A Journal of Feminist Philosophy* 15 (2): 59–75.

Goddard, Eliza, 2008, *Improving the Participation of Women in the Philosophy Profession: Executive Summary May 2008*, Hobart: Australasian Association of Philosophy.

Goulimari, Palagia, 1999, "A Minoritarian Feminism? Things to Do with Deleuze and Guattari", *Hypatia: A Journal of Feminist Philosophy* 14 (2): 97–120.

Grosz, Elizabeth, 1987, "Notes towards a Corporeal Feminism", *Australian Feminist Studies* 2 (5): 1–16.

Grosz, Elizabeth, 1993, "A Thousand Tiny Sexes: Feminism and Rhizomatics", *Topoi* 12: 167–179.

Grosz, Elizabeth, 1994, *Volatile Bodies: Toward a Corporeal Feminism*, Bloomington: Indiana University Press.《몸 페미니즘을 향해: 무한히 변화하는 몸》, 임옥희·채세진 역(꿈꾼문고, 2019).

Grosz, Elizabeth, 1995, *Space, Time, and Perversion: Essays on the Politics of Bodies*, New York and London: Routledge.

Grosz, Elizabeth, 2000, "Deleuze"s Bergson: Duration, the Virtual and a Politics of the Future", In *Deleuze and Feminist Theory*, edited by Ian Buchanan and

Claire Colebrook, 214–234, Edinburgh: Edinburgh University Press.

Grosz, Elizabeth, 2001, *Architecture from the Outside*, Cambridge, MA: MIT Press. 《건축, 그 바깥에서: 잠재 공간과 현실 공간에 대한 에세이》, 강소영·고유경·김경미·김애령 추가 저술, 탈경계인문학연구단 공간팀 역(그린비, 2012).

Grosz, Elizabeth, 2002, "A Politics of Imperceptibility: A Response to "Anti-Racism, Multiculturalism and the Ethics of Identification", *Philosophy and Social Criticism* 28 (4): 463–472.

Grosz, Elizabeth, 2005, *Time Travels: Feminism, Nature, Power*, Crows Nest, NSW: Allen and Unwin.

Grosz, Elizabeth, 2011, *Becoming Undone: Darwinian Reflections on Life, Politics, and Art*, Durham, NC and London: Duke University Press.

Guattari, Felix, 2006, *The Anti-Oedipus Papers*, Edited by Stephane Nadaud, Translated by Kelina Gotman, New York and Los Angeles: Semiotext(e).

Hallward, Peter, 1997, "Deleuze and the "World without Others", *Philosophy Today* 41 (4): 530–544.

Hardt, Michael, 1993, *Gilles Deleuze: An Apprenticeship in Philosophy*, Minneapolis and London: University of Minnesota Press. 《들뢰즈 사상의 진화》, 김상운·양창렬 역(갈무리, 2004).

Hardt, Michael, 2012, *The Procedures of Love*, Kassel, Austria: Hatje Cantz.

Hegel, G, W, 1977, *Phenomenology of Spirit*, Oxford: Clarendon. 《정신현상학 1, 2권》, 김준수 역(아카넷, 2022).

Hickey-Moody, Anna, 2006, "Folding the Flesh into Thought", *Angelaki: Journal of the Theoretical Humanities* 11 (1): 189–197.

Hickey-Moody, Anna, 2009, *Unimaginable Bodies: Intellectual Disability, Performance and Becomings*, Rotterdam: Sense.

Hickey-Moody, Anna, 2013, "Deleuze"s Children", *Educational Philosophy and Theory* 45 (3): 272–286.

Honneth, Axel, 1996, *The Struggle for Recognition*, Cambridge, MA: MIT Press. 《인정투쟁: 사회적 갈등의 도덕적 형식론》, 이현재·문성훈 역(사월의책, 2011).

hooks, bell, 2014, *Ain't I a Woman: Black Women and Feminism*, New York and London: Routledge.

Irigaray, Luce, 1985[1977], *This Sex Which is not One*, Translated by Catherine Porter with Caroline Burke, Ithaca, NY: Cornell University Press. 《하나이지 않은 성》, 이은민 역(동문선, 2000).

Jardine, Alice, 1984, "Women in Limbo: Deleuze and His Br(others)", *Substance* 13 (3-4): 46-60.

Jardine, Alice, 1985, *Gynesis: Configurations of Women in Modernity*, Ithaca, NY and London: Cornell University Press.

Kaufman, Eleanor, 2012, "Toward a Feminist Philosophy of the Mind", In *Deleuze, the Dark Precursor: Dialectic, Structure, Being*, Ch, 2. Baltimore, MD: Johns Hopkins University Press.

Kojeve, Alexandre, 1980, *Introduction to the Reading of Hegel*, New York and London: Basic Books.

Lacan, Jacques, 1977, "The Mirror Stage as Formative of the Function of the I as Revealed in Psychoanalytic Experience", In *Ecrits: A Selection*, translated by Alan Sheridan, Ch, 1, London: Travistock.

Laurie, Timothy and Hannah Stark, 2012, "Reconsidering Kinship: Beyond the Nuclear Family with Deleuze and Guattari", *Cultural Studies Review* 18 (1): 19-39.

Levi-Strauss, Claude, 1969, *The Elementary Structures of Kinship*, Boston: Beacon.

Lloyd, Genevieve, 2004, *The Man of Reason: 'Male' and 'Female' in Western Philosophy*, London: Routledge.

Lorde, Audre, 2007, *Sister Outsider: Essays and Speeches*, Berkeley, CA: Crossing Press. 《시스터 아웃사이더》, 주해연·박미선 역(후마니타스, 2018).

Lorraine, Tamsin, 1999, *Irigaray and Deleuze: Experiments in Visceral Philosophy*, Ithaca, NY and London: Cornell University Press.

MacCormack, Patricia, 2009, "Feminist Becomings: Hybrid Feminism and Haecceitic (Re)production", *Australian Feminist Studies* 24 (59): 85-97.

May, Todd, 1997, *Reconsidering Difference: Nancy, Derrida, Levinas, and Deleuze*, Pennsylvania: Pennsylvania State University Press.

McCall, Leslie, 2005, "The Complexity of Intersectionality", *Signs* 30 (3): 1771-1800.

McNay, Lois, 1992, *Foucault and Feminism: Power, Gender and the Self*, Cambridge: Polity.

McRobbie, Angela, 2004, "Post-Feminism and Popular-Culture", *Feminist Media Studies* 4(3): 255-264.

Nancy, Jean-Luc, 2002, *Hegel: The Restlessness of the Negative*, Translated by Jason Smith and Steven Miller, Minneapolis: University of Minnesota Press.

Olkowski, Dorothea, 2008, "After Alice: Alice and the Dry Tail", *Deleuze Studies* 2 (Supplement): 107–122.

Palmer, H, 2020, *Queer Defamiliarisation: Writing, Mattering, Making Strange*, Edinburgh University Press,

Pateman, Carole, 1988, *The Sexual Contract*, Cambridge: Polity. 《남과 여, 은폐된 성적 계약》, 이충훈·유영근 역(이후, 2001).

Patton, Paul, 2000, *Deleuze and the Political*, London and New York: Routledge. 《들뢰즈와 정치》, 백민정 역(태학사, 2005).

Paxton, Molly, Carrie Figdor and Valerie Tiberius, 2012, "Quantifying the Gender Gap: An Empirical Study of the Underrepresentation of Women in Philosophy", *Hypatia: A Journal of Feminist Philosophy* 27 (4): 949–957.

Probyn, Elspeth, 1996, *Outside Belongings*, New York and London: Routledge.

Puar, Jasbir, 2007, *Terrorist Assemblages: Homonationalism in Queer Times*, Durham, NC and London: Duke University Press.

Puar, Jasbir, 2012, "I Would Rather be a Cyborg than a Goddess: Becoming Intersectional in Assemblage Theory", *philoSOPHIA* 2 (1): 49–66.

Roffe, Jon and Hannah Stark, 2015, "Introduction: Deleuze and the Non/Human", In *Deleuze and the Non/Human*, edited by Jon Roffe and Hannah Stark, 1–16, Basingstoke and New York: Palgrave Macmillan.

Shildrick, Margrit, 2002, *Embodying the Monster: Encounters with the Vulnerable Self*, London: Sage.

Shildrick, Margrit, 2004, "Queering Performativity: Disability After Deleuze", *Scan: Journal of Media and Culture*, Available online: http://scan.net.au/scan/journal/display.php?journal_id=36 (accessed 20 January 2015).

Shildrick, Margrit, 2013, "Sexual Citizenship, Governance and Disability: From Foucault to Deleuze", In Beyond Citizenship?: Feminism and the Transformation of Belonging, edited by Sasha Roseneil, 138–159, Basingstoke and New York: Palgrave Macmillan.

Sofoulis, Zoe, 1992, "Virtual Corporeality: A Feminist Perspective", *Australian Feminist Studies* 15: 11–24.

Soper, Kate, 1993, *Up Against Foucault: Explorations of Some Tensions between Foucault and Feminism*, London and New York: Routledge.

Spivak, Gayatri Chakravorty, 1996, "Subaltern Studies: Deconstructing Historiography", In *The Spivak Reader: Selected Works of Gayatri Chakravorty*

Spivak, edited by Donna Landry and Gerald Maclean, Ch, 8, New York and London: Routledge.

Stark, Hannah, 2014, "Judith Butler"s Post-Hegelian Ethics and the Problem with Recognition", *Feminist Theory* 15 (1): 89–100.

Stark, Hannah, 2015, "Discord, Monstrosity and Violence: Deleuze's Differential Ontology and its Consequences for Ethics", *Angelaki: Journal of the Theoretical Humanities* 20 (4): 211–224.

Stryker, S, 2008, "Dungeon intimacies: the poetics of transsexual sadomasochism", *Parallax*, 14(1): 36-47.

Taylor, Charles, 1994, "The Politics of Recognition", In *Multiculturalism: Examining the Politics of Recognition*, edited by Amy Gutmann, 25–74, Princeton, NJ: Princeton University Press. 《다문화주의와 인정의 정치》, 이상형·이광석 역 (하누리, 2020).

Tournier, Michel, 1997[1967/1969], *Friday*, Translated by Norman Denny· Baltimore, MD: Johns Hopkins University Press. 《방드르디, 태평양의 끝》, 김화영 역(민음사, 2003).

Twine, Richard, 2010, "Intersectional Disgust? Animals and (Eco) Feminism", *Feminism and Psychology* 20 (3): 397–406.

Williams, Robert R, 1997, *Hegel's Ethics of Recognition*, Berkeley, Los Angeles and London: University of California Press.

Winterson, Jeanette, 2011, *Why Be Happy When You Could Be Normal?*, London: Jonathan Cape.

Wollstonecraft, Mary, 2004, *A Vindication of the Rights of Woman*, London: Penguin. 《여성의 권리 옹호》, 문수현 역(책세상, 2018).

Woolf, Virginia, 1977[1929], *A Room of One's Own*, London, Glasgow, Toronto, Sydney and Auckland: Grafton. 《자기만의 방》, 공경희 역(열린책들, 2022).

244

들뢰즈 이후 페미니즘

초판 1쇄 발행 2023년 3월 8일

지은이   한나 스타크
옮긴이   이혜수·한희정
펴낸곳   이상북스
펴낸이   김영미
출판등록   제313-2009-7호(2009년 1월 13일)
주소   10546 경기도 고양시 덕양구 향기로 30, 106-1004
전화번호   02-6082-2562
팩스   02-3144-2562
이메일   klaff@hanmail.net

ISBN   979-11-980260-2-6   03330